Reihe *leicht gemacht* ®

Herausgeber:
Professor Dr. Hans-Dieter Schwind
Dr. jur. Dr. jur. h.c. Helwig Hassenpflug
Richter am AG Dr. Peter-Helge Hauptmann

Klausuren schreiben

leicht gemacht

Aufbau und Form
der juristischen Klausur

18., überarbeitete Auflage

von
Dr. Jörn Bringewat
Rechtsanwalt und Syndikus

Ewald v. Kleist Verlag, Berlin

Besuchen Sie uns im Internet:
www.leicht-gemacht.de

Umwelthinweis:
Dieses Buch wurde auf chlorfrei gebleichtem Papier gedruckt

Autoren und Verlag freuen sich über Anregungen
Gestaltung: Michael Haas, www.montalibros.eu; J. Ramminger, Berlin
Druck & Verarbeitung: Druck und Service GmbH, Neubrandenburg
leicht gemacht® ist ein eingetragenes Warenzeichen
© 2013 Ewald v. Kleist Verlag, Berlin

ISBN 978-3-87440-305-4

Inhalt

Leitsätze * Übersichten * Prüfschemata

I.   Allgemeine Grundsätze

Lektion 1: Einleitung

Das Studium der Rechtswissenschaften ist in Deutschland so angelegt, dass überwiegend der größte Wert auf die Vermittlung materiellen Wissens gelegt wird. Mag das für den Anfang und für das Bestreiten der ersten Klausuren, in denen eben dieses Wissen abgefragt wird, ausreichen, so ändern sich die Anforderungen alsbald. Methodische Einführungen zur juristischen Arbeitstechnik, die den Studenten die Anwendung des Wissens vermitteln sollen, sind im Universitätsbetrieb meist in einem nur geringen Maße vorgesehen. Sicherlich ist für das erfolgreiche Bestreiten des juristischen Studiums eine große Menge an Wissen erforderlich. Jedoch liegt ein Schwerpunkt der rechtswissenschaftlichen Ausbildung und Praxis vor allem in der Anwendung dieses Wissens, im richtigen **Lösen von Fällen**. Und eben diese Arbeitstechnik ist ständiger Begleiter jedes Jurastudenten. Ihre sichere Beherrschung entscheidet über Erfolg und Misserfolg im Studium.

Die Methodik der Fallbearbeitung und das Bewusstsein um ihre Erheblichkeit im Umgang mit rechtswissenschaftlichen Fragen sind demgemäß von essentieller Bedeutung. Ist diese Tatsache erkannt und verinnerlicht, ist ein großer Schritt getan, um die Gefahr unliebsamer Überraschungen bei den Klausurergebnissen zu minimieren.

Der Moment nämlich, in dem die erste Fallklausur geschrieben wird, bedeutet für viele einen mehr oder weniger gewagten und vor allem mehr oder weniger gut vorbereiteten „Sprung ins kalte Wasser".

Das materielle Wissen stammt aus Vorlesungen oder aus Lehrbüchern und verlangt aufbereitet und angewendet zu werden. Man ist insofern zumindest theoretisch bestens in die Grundstrukturen dieses Klausurgenres eingeweiht, nur geht die praktische Umsetzung vielfach nicht so leicht von der Hand wie in der (Wunsch-)Vorstellung. Wird in den Vorlesungen keine substantiierte Einführung in diesen Bereich des Studiums gegeben, so sucht die Fallklausur als schwammiges Grau im Kopf des Studenten vergeblich Form anzunehmen. Gelegentlich ist die studentische Vorstellung von Dingen geprägt, die nicht nur von der Klausurwirklichkeit stark abweichen, sondern dieser womöglich gegenläufig sind. Hier gilt es, möglichst schnell Abhilfe zu schaffen.

Eigeninitiative und das Selbststudium können hierbei nützlich sein, doch auch ein überzeugter Autodidakt mag gerade zu Beginn des Studiums ins Schwimmen kommen, wenn kein roter Faden angeboten wird und es scheinbar wenig Möglichkeit zur Selbstkontrolle gibt. Und eben dies ist der Ansatzpunkt; dieser Zustand soll eine Änderung erfahren.

Eine Fallklausur zu schreiben bedeutet, das angehäufte Wissen in einer besonderen Art anzuwenden. Die Aufgabe besteht darin, in einer bestimmten Zeit alle in einem gegebenen Sachverhalt auftretenden Rechtsprobleme in einem Gutachten zu behandeln. Und alles, was zu einer guten Anfertigung einer solchen Klausur nötig ist, muss erlernt werden.

Lektion 2: Die Klausur

Damit die Ergebnisse in Klausuren zufriedenstellend ausfallen, soll im Folgenden die Klausurvorbereitungsphase konkretisiert werden. Aber auch die Anforderungen, die im Rahmen einer Fallklausur gestellt werden, müssen analysiert werden. Vor allem ist eine gute Lerntechnik unverzichtbar.

Leitsatz 1

Die Fallklausur

Die Aufgabe in jeder juristischen Fallklausur ist die Anfertigung eines Gutachtens!

Für eine effiziente Klausurvorbereitung ist zunächst wichtig, dass das erforderliche materielle Wissen dauerhaft abrufbar bleibt. Kurz vor der Klausur möglichst viel ins Kurzzeitgedächtnis zu pauken ist dabei unangebracht. Denn das juristische Wissen baut bis zum Examen aufeinander auf, man lernt also nichts „umsonst". Es gestaltet sich vielmehr als ein Kampf gegen das Vergessen und hier gilt es, so früh wie möglich anzugreifen. Voraussetzung dafür ist der frühzeitige Lernbeginn und ständiges Wiederholen. Es reicht also nicht, wenige Tage vor dem Klausurtermin das erste Mal die Bücher aufzuschlagen, denn das Wissen muss auch anwendbar sein. Und anwendungsfähig ist erlerntes Wissen erst, wenn es verstanden und verinnerlicht ist, wenn es viele Male auf den Prüfstein gestellt wurde.

Unverzichtbar ist, das angeeignete Wissen regelmäßig zu überprüfen und die Anwendung zu trainieren. Man sollte immer wieder Probeklausuren schreiben, indem man Fälle eigenverantwortlich und in Eigenregie löst und sich dabei zwingt, die üblichen Zeitvorgaben einzuhalten. Auch Blicke auf die Lösungsskizze, mag sie noch so verlocken, sollte man sich verbieten und zunächst versuchen, auch unbekannte Probleme selbst zu lösen. Man probt gewissermaßen den Ernstfall. Zusätzlich bietet es sich an, Fälle und ihre Musterlösungen zu lesen um das Problembewusstsein zu schulen und problemorientierte Denkstrukturen zu entwickeln.

Leitsatz 2

Arbeitsweise

Ständiges Wiederholen und Üben schafft Routine und Sicherheit!

Die juristische Fallklausur weist verschiedene Eigenheiten auf, die mit bekannten (Klausur-) Anforderungen eine besondere Verbindung bilden.

Dass Aufgaben in einer bestimmten Zeit unter Aufsicht gelöst werden, was für die juristische Fallklausur auch zutrifft, ist zwar zunächst nichts Neues. Die Aufgabe einer juristischen Fallklausur aber stellt immer, wie erwähnt, die Anfertigung eines umfassenden Gutachtens dar. Ferner unterscheidet sich die Aufgabenstellung einer Fallklausur von bekannten anderen Klausurtypen. Denn es wird ein Sachverhalt geschildert, an dessen Ende den Bearbeiter eine oder mehrere auf diesen Sachverhalt bezogene Fragen erwarten. Verbreitet handelt es sich bei diesen Fragen um konkrete sachverhaltsbezogene Fallfragen, die z.B. nach dem Begehren einer Person („Ansprüche des K?") fragen oder um sonstige näher bestimmte zu erörternde Fragen. Zu behandeln sind demnach in diesen Fällen also nur eben diese gestellten Fragen. Vielfach werden dies dagegen aber auch allgemeine Fragen sein, z.B. „Wie ist die Rechtslage?" oder „Strafbarkeit der Beteiligten?". Dann ist das Verhältnis jeder im Sachverhalt auftretenden Person zu jeder anderen zu beleuchten bzw. jedes rechtliche Verhältnis oder die rechtliche Relevanz jedes Handelns zu begutachten. Bevor mit der eigentlichen Bearbeitung begonnen werden kann, ist also zunächst nach Vorschriften bzw. nach den Grundlagen des folgenden Gutachtens zu suchen. Es ist zu klären, was überhaupt vom Bearbeiter verlangt wird. Erst wenn das erledigt wurde, kann mit den weiteren Schritten, der noch zu erläuternden Gliederung und dem reinschriftlichen Gutachten, begonnen werden.

Die Aufgabe besteht ausschließlich in der Anfertigung eines Gutachtens. Einleitungen oder Schlussbemerkungen sind dabei nicht zu verfassen, ein Gutachten ist kein Besinnungsaufsatz. Keinesfalls darf eine Erörterung von Fragen stattfinden, die nicht in den Sachzusammenhang gehören, sei es vor dem Gutachten, sei es während des Gutachtens. Es werden nur für die Lösung erhebliche Fragen geprüft und dies nur exakt an der Stelle, an der sie relevant werden.

Alles Überflüssige, das mit der Lösung des Falles in keinem Zusammenhang steht, hat auch im Gutachten nichts zu suchen und wird als falsch gewertet. Der Student muss niemandem – vor allem nicht dem Korrektor – beweisen, wie viel er bereits zu wissen glaubt, wenn das Gutachten es nicht erfordert. Dieses Verhalten, auch gerne als „Wissensprostitution" bezeichnet, ist ein häufig begangener Fehler in der Fallbearbeitung.

Von **Kommentierungen zum gewählten Aufbau** oder zur Abfolge der Prüfungsschritte ist grundsätzlich abzusehen, die Bearbeitung erklärt sich selbst. Wichtig ist, die Schwerpunkte der Klausur bei den relevanten Problemen zu setzen und dies im Gutachten auch zum Ausdruck zu bringen.

> Nur entscheidungsrelevante Probleme sind im Gutachten zu erörtern. Alles Überflüssige ist falsch. Ein Gutachten verzichtet auf Einleitung, Schlusssatz und Kommentierungen.

Das erfolgreiche Klausurenschreiben ist neben der Übung und der Routine auch eine Frage des richtigen **Zeitmanagements**. Es sollte daher ein Zeitplan erstellt werden. Der Student sollte jeden seiner für die Klausur notwendigen Arbeitsschritte zeitlich ordnen und in der jeweiligen Zeitmenge einteilen. Wichtig ist, dass der Zeitaufwand für den jeweiligen Klausurteil sinnvoll zugewiesen wird, aber auch, dass die zeitliche Begrenzung der einzelnen Arbeitsschritte nicht überschritten wird. Dabei ist vor allem ein ausreichender Zeitblock für die noch zu erläuternde Gliederung nötig, aber auch ausreichend Zeit vorzusehen, das ausformulierte Gutachten sauber und ordentlich niederzuschreiben. Das Zeitmanagement muss individuell abgestimmt werden, jeder Student hat seine eigene Vorgehensweise. Auch hier ist selbstständiges Ausprobieren der Schlüssel zum Erfolg. Die Zeiteinteilung sollte ebenso wie das eigentliche Klausurenschreiben im Selbststudium ausreichend geübt werden. Wird ein solches Zeitmanagement beherrscht und eingehalten, ist neben der sichereren Beendigung der Bearbeitung vor allem auch die **gedankliche Ordnung** und die damit einhergehende beruhigende Wirkung ein großer Vorteil. Saubere gedankliche Strukturen schlagen sich in einer guten Klausur nieder und vermitteln den Eindruck von Stimmigkeit und Erfahrung. Dies ist mit Blick auf die Wirkung einer Klausur auf den Korrektor von nicht zu unterschätzendem Belang für die Benotung.

Übersicht 1: Zeitplan

Beispiel eines kurzen Zeitplans für eine Klausur
(fünf Stunden Bearbeitungszeit):

Arbeits-einteilung (Fallbeispiel)	1. Stunde	2. Stunde	3. Stunde	4. Stunde	5. Stunde
Fallskizze/ Erfassen des Sachverhalts	■				
Gliederung		■			
Reinschrift			■	■	
Durchsicht					■

Lektion 3: Der Sachverhalt

▬▬ Fall 1

A hatte durch geschickte Fahrmanöver den B vor einer Ampel auf seinen PKW auffahren lassen, um die Versicherungssumme der Kfz-Haftpflichtversicherung des B zu kassieren. Am Unfallort gelingt es A, den B von dessen Schuld zu überzeugen. Strafbarkeit des A?

Den Anfang jeder Klausurbearbeitung bildet der richtige Umgang mit dem Sachverhalt. Der Sachverhalt muss von Beginn der Bearbeitung an sorgfältig aufgearbeitet werden. Diagonales Überfliegen ist hier fehl am Platz, vielmehr ist konzentriertes und vor allem vollständiges Lesen nötig. Am besten gleich mehrere Male, während Problemkreise und Gedanken durch Unterstreichen oder Stichworte gekennzeichnet und gesichert werden. Allzu leicht können sonst wertvolle Ideen untergehen, bevor ihnen überhaupt nachgegangen wurde. Eventuellen Unkonzentriertheiten durch Aufregung sollte vehement entgegengewirkt werden. Auch sollte sich der Bearbeiter davor hüten, im Sachverhalt zu schnell Bekanntheiten auszumachen. Bei genauerem Hinsehen kann sich ein Problem als ein ganz neues entpuppen, das man kurz zuvor noch als „alten Hut" aus der letzten Vorlesung betrachtet hat. Gleiches gilt für das Auswendiglernen von BGH-Entscheidungen. Es kommt zwar mitunter vor, dass BGH-Entscheidungen die Grundlage einer Fallklausur bilden, so dass sich eine vertiefte Kenntnis vor allem von aktuellen Entscheidungen durchaus auszahlen kann. Jedoch kann die Freude über die bekannte Problemlösung die Augen des Bearbeiters so sehr trüben, dass eventuelle, wesentliche Abweichungen im Klausursachverhalt schlicht übersehen werden und verkannt wird, dass der Sachverhalt nur ähnlich zur bekannten BGH-Entscheidung ist, aber keine exakte Entsprechung darstellt.

Sollte der Bearbeiter auf eine nach seiner Einschätzung unklare Passage oder eine Informationslücke im Sachverhalt stoßen, ist erst danach zu fragen, ob diese Lücke vielleicht sogar vom Klausursteller gewollt sein könnte bzw. wie unklar die Passage wirklich ist. Einerseits kann ein Aufreiben an solchen Sachverhaltskapriolen ein Hinweis darauf sein, dass man sich gerade mit großen Schritten von der Musterlösung entfernt. Andererseits kann in seltenen Fällen ein Sachverhalt tatsächlich Unklarheiten bergen. Ist dies der Fall, muss der Sachverhalt lebensnah ausgelegt werden, um Lücken im Sinne der Klausur zu schließen oder Unklarheiten zu beseitigen. Lediglich unterstellt werden darf in einem solchen Fall nichts. Auch darf dem Sachverhalt nicht mehr entnommen werden, als er hergibt (keine Sachverhaltsquetsche).

Darüber hinaus kann der Bearbeiter grundsätzlich davon ausgehen, dass keine Information im Sachverhalt überflüssig ist. Jeder Satz sollte auf die rechtliche Relevanz seiner Informationen geprüft und danach bewertet werden. Ein Gutachten müsste also üblicherweise jede rechtlich erhebliche Information des Sachverhalts verarbeitet haben. Der Sachverhalt gibt gleichsam eine Passform vor, in die sich das Gutachten so gut wie möglich einfügen sollte. Insofern kann das Abgleichen beider ein wertvolles Indiz für die Vollständigkeit der eigenen Lösung sein. Auch können bei einer solchen Kontrolle Lösungspassagen auffallen, die aus vorhergehenden unzulässigen Unterstellungen erwachsen sind.

In Fall 1 kommt einem eventuell vieles in den Sinn. Zunächst dürften dies §§ 315 b und 315 c StGB sein, auch der Betrugstatbestand aus § 263 StGB ist nahe liegend. Dass aber zur vollständigen Lösung dieses Falles auch der § 142 StGB (Unerlaubtes Entfernen vom Unfallort) geprüft werden muss, drängt sich nicht sofort auf. Im Tatbestandsmerkmal des „Unfalls" liegt nämlich ein rechtliches Problem, dass bei der Untersuchung von provozierten Verkehrsunfällen behandelt werden muss. Auch die Prüfung einer versuchten Körperverletzung ist hier anzudenken, denn durch das Auffahrenlassen auch in unteren Geschwindigkeitsbereichen ist das zumindest billigende Inkaufnehmen einer Verletzung durchaus zu bejahen. Der Sachverhalt schweigt zwar bezüglich der inneren Willensrichtung des A, jedoch ist in diesem Fall von äußeren Vorgängen auf innere Abläufe zu schließen.

Leitsatz 3

Problemorientiertes Denken

Problemorientiertes Denken hilft bei der Suche nach Rechtsproblemen. Grundsätzlich ist **keine Information** im Sachverhalt **überflüssig**. Sachverhalt und Gutachten sollten inhaltlich **vollständig** korrespondieren.

Es empfiehlt sich anschließend alle Informationen des Sachverhalts in einer Fallskizze festzuhalten. Dabei können im Sachverhalt beschriebene Rechtsverhältnisse, Handlungsabläufe und sonstige rechtliche

Beziehungen von Personen und Sachen veranschaulicht werden. Eine solche Skizze ist nicht nur durch den gewonnenen Überblick eine Hilfe, sondern auch, weil bedeutungsvolle Passagen des Sachverhalts ausgemacht werden können. Viele Fehler entstehen durch falsches Auffassen des Sachverhalts oder durch Überlesen von Passagen. Der Student sollte von Beginn der Klausur an darauf achten, dass er den Sachverhalt richtig versteht und alle gegebenen Informationen ordentlich verarbeitet und richtig gewichtet.

Die persönliche Auffassung des Bearbeiters und vor allem eventuelle Wertungen bezüglich der Lebensnähe eines Sachverhalts sind an dieser Stelle fehl am Platz und zurückzustellen. Es geht bei einer Klausur darum, die rechtlichen Fähigkeiten des Bearbeiters zu erproben.

Eigenkreationen auf Basis des Sachverhalts oder auch nur geringfügige Änderungen führen zu mangelhaften Notenstufen, da dann andere – wenn auch möglicherweise interessante – rechtliche Problematiken behandelt werden als die, die für die Lösung vorgesehen sind. Mitunter können unrichtige Entscheidungen auf dem Lösungsweg bedeuten, dass eine Fülle von rechtlichen Problemen schlicht abgeschnitten wird. Der jeweilig gewählte Lösungsansatz setzt dann entweder den Schwerpunkt falsch oder behandelt rechtlich nicht einschlägige Probleme. Auch darauf sollte bei Vergleich von Sachverhalt und Gutachten besonderes Augenmerk gelegt werden. Das kann insofern von großer Hilfe sein, als dann der Bearbeiter auf Fehler aufmerksam wird und dadurch seine Lösung der Musterlösung entscheidend näher kommen kann.

Lektion 4: Gliederung

Hat man diese ersten Arbeitsschritte hinter sich gebracht, folgt nun das systematische Ordnen. Es ist Zeit, alle gewonnenen Informationen und alle angestellten Überlegungen in einer Gliederung bzw. einer Lösungsskizze zu verarbeiten. Dies ist der Beginn der rechtlichen Lösung des Falles.

Dabei ist das Ziel, kurz und prägnant, teilweise bloß in Stichworten, das Gesamtgefüge des später auszuformulierenden Gutachtens zu umreißen. Ist die Gliederung gut und erschöpfend gelungen, müssen bei der Ausformulierung regelmäßig nur noch die Teile zwischen den einzelnen skizzierten Prüfungspunkten und Gedankengängen angemessen aufgefüllt werden. Optimal ist die abschließende Beschäftigung mit juristischen Fragestellungen in der Phase des Erarbeitens der Gliederung.

Eine solche Gliederung entwickelt sich sukzessiv dem Ablauf der Sachverhaltsdurchdringung folgend. Schrittweise schließt sich die Abhandlung der einzelnen Probleme zu einem homogenen Gesamtbild. Die Gliederung kann korrigiert, erweitert und poliert werden, bis alle Einzelteile das ansehnliche Gerüst des Gutachtens bilden.

Die Gliederung sollte großzügig angelegt und verständlich sein. Sie sollte trotz der variablen Struktur gut lesbar und übersichtlich bleiben und die Schwerpunktlegung sinnvoll aus dem Sachverhalt herausarbeiten. Für die Gliederung ist schließlich der Gutachtenaufbau (das Ergebnis steht am Ende) zu wählen und nicht etwa ein Urteilsaufbau (am Anfang steht das Ergebnis, das begründet wird) oder ein Aufbau sui generis. Die Gliederung ist gewissermaßen die „heiße Phase" der Klausur, denn hier werden die Weichen für das spätere Gutachten gestellt. Sie sollte sämtliche Einzelheiten jedes vom Sachverhalt geforderten rechtlichen Problems enthalten, nichts sollte hier weggelassen werden. Keinesfalls sollte sich eine Gliederung nur auf Paragraphen, vereinzelte Voraussetzungen und im Wesentlichen auf ergebnisorientierte Symbole für Grundrechenarten beschränken. Vielmehr sollte in Stichworten jeder einzelne Prüfungsschritt genauestens dokumentiert werden. Jede einzelne Voraussetzung, jede Subsumtion, jede Rechtsfolge findet in einer Gliederung bereits Platz.

Die Gliederung ist stets im Gutachtenaufbau zu erstellen!

Wichtig ist bei der Klausurbearbeitung zudem die ordnungsgemäße Unterteilung, die Klausur ist nicht nur inhaltlich, sondern auch formal klar zu strukturieren. So müssen einzelne Abschnitte mit Überschriften versehen werden und es sollte insgesamt eine übersichtliche Bezeichnung der Abschnitte gewählt werden, ein sog. Gliederungssystem. Die Phase der Gliederung ist der optimale Zeitpunkt für diese Arbeitsschritte, so dass während der folgenden Reinschrift keine gliederungssystematischen Ungenauigkeiten auftreten, die oftmals eine sehr zeitintensive Korrektur zur Folge haben können.

Die mit der Unterteilung erreichte Struktur verbessert die Lesbarkeit einer Klausur und schafft ein gefälliges Gesamtbild. Seitenlanger Text ohne optische Unterbrechungen ermüdet und stimmt den Korrektor nicht gerade fröhlich. Zudem kann auch beim Lesen einer unstrukturierten Klausur die eine oder andere richtige Ausführung ungewollt überlesen werden.

Dagegen ist aber auch eine zu starke Unterteilung nicht eben hilfreich. Unproblematische Ausführungen können zu einem Gliederungspunkt zusammengefasst werden. Eine solche Gliederungsstruktur ist immer an spezifische Klausurumstände anzupassen und nicht hoffnungslos statisch zu befolgen. Keinesfalls sollten lediglich einzelne Sätze durch Absätze oder Gliederungsebenen getrennt werden. Dies lässt die Klausur eher als Lückentext denn als Gutachten erscheinen und beeinträchtigt die Lesbarkeit.

Für die Gliederung sollte die alphabetische Form einer numerischen aus Gesichtspunkten der Übersichtlichkeit stets vorgezogen werden.

Übersicht 2: Richtige Gliederung

Beispiel für eine Gliederung: 1. Teil / 1. Handlungskomplex / ...

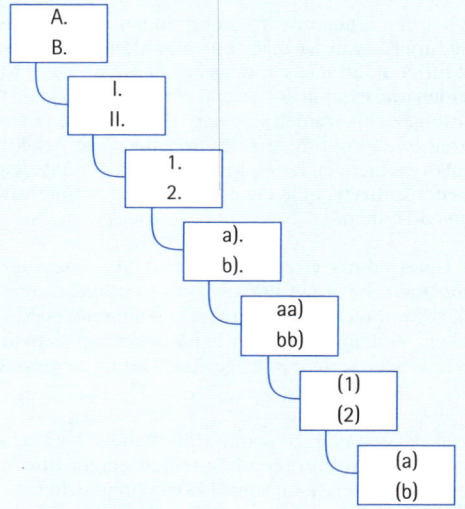

Beispiel für eine Gliederung: 2. Teil / 2. Handlungskomplex / ...

Zu beachten ist, dass eine Gliederungsebene immer **mindestens zwei** Gliederungspunkte aufweisen muss. Eine neue Gliederungsebene darf demnach nur eröffnet werden, wenn auf ihr mindestens zwei Punkte abzuarbeiten sind („Wer a sagt, muss auch b sagen"). Der Aufbau der Klausur ist stets an diese Vorgaben anzupassen und es ist eine ausgewogene Gliederung vorzunehmen. Etwaige vereinzelte Prüfungspunkte müssen angesichts dieser Strukturvorgabe gegebenenfalls zusammengefasst werden.

Beispiel für eine unzulässige Gliederung:

I. Ansprüche des X

    1. Anspruch des X aus § 433 II BGB

II. Ansprüche des Y

    1. ...

    2. ...

Wenn X lediglich einen möglichen Anspruch hat, muss dies in einer Gliederungsebene zusammengefasst werden:

I. Anspruch des X aus § 433 II BGB

II. Ansprüche des Y

    1. ...

    2. ...

Es sollte höchster Wert auf Sauberkeit und strukturelle Richtigkeit der Gliederung gelegt werden. Die Gliederung ist systematisch eng mit der Gedankenführung verbunden, so dass eine unausgewogene Gliederung einerseits die Bearbeitung der Klausur erschwert und andererseits ein unstrukturiertes Gutachten zur Folge haben kann.

Leitsatz 4

Struktur der Gliederung

Eine gut strukturierte Gliederung ist wichtig. Sie bildet die Basis und das Gerüst des Gutachtens!

II.   Das Gutachten

Lektion 5: Der Stil

Die Bearbeitung einer Fallklausur erfordert einiges an Handwerkszeug, das unverzichtbar ist, um zufriedenstellende Ergebnisse zu erreichen. Denn die gutachterliche Behandlung eines gegebenen Sachverhalts erfordert zunächst einen besonderen Stil, den sogenannten Gutachtenstil.

So leicht wie dieser Begriff über die Lippen geht, so schwer ist es, den Anforderungen dieser Schreib- und Stilart gerecht zu werden. Ziel eines Gutachtens ist es, die Lösung einer Rechtsfrage erschöpfend darzustellen. Schritt für Schritt werden Informationen des gegebenen Sachverhalts aufgenommen, rechtlich qualifiziert und diskutiert und schließlich bewertet.

Dabei müssen alle möglichen Lösungswege erarbeitet und alle auftretenden rechtlichen Probleme wissenschaftlich erörtert werden. Soll eine Rechtsfolge gesetzt werden, so müssen zunächst die nötigen Voraussetzungen vorliegen. Dies alles teilt der Bearbeiter mit, indem er den Leser durch seine Entscheidungsfindung begleitet, ihn von Problem zu Problem führt und jeden seiner gedanklichen Schritte dokumentiert. Das Ergebnis folgt erst ganz am Ende, nachdem alle Prüfungsebenen durchschritten wurden. Die Gedankenschritte sind dabei maßgeblich an der Dichte und Genauigkeit des späteren Gutachtens beteiligt. Man sollte sich dazu zwingen, immer dem vorgegebenen juristischen Aufbau nach, die rechtliche Problematik eines Sachverhalts langsam und konzentriert zu durchdringen. Der Beginn einer Klausur und die in diesem Stadium sehr verständliche Aufregung verleitet häufig zu voreiligen Schlüssen. Das kann bedeuten, dass ein rechtliches Problem bis zum Ende der Klausur komplett übergangen und ignoriert wird. Folglich klafft auch im Gutachten eine Lücke. Jeder Schritt im Gutachten führt den Bearbeiter ein Stück tiefer in die jeweilige Problematik hinein. Und jeder Schritt, der in die Problematik hineinführt, muss, um zum Ergebnis zu gelangen, genauestens geprüft und beschrieben werden. Dies ist die Basis jedes guten und erfolgreichen juristischen Gutachtens. Aus diesen Grundsätzen erwächst das Gutachten und mit ihm kristallisiert sich eine Stilfigur aus dem Aufbau der Sätze und der Abfolge der Informationsverarbeitung heraus.

Am besten geeignet ist der Konjunktiv um dem Leser die Entscheidungs-findung zu veranschaulichen. Im Indikativ wird schließlich das Ergebnis der juristischen Prüfung dargelegt.

So muss es beispielsweise zu Beginn eines Gutachtens heißen: „V könnte einen Anspruch auf Zahlung des Kaufpreises haben." Nicht jedoch: „V hat einen Anspruch auf Zahlung des Kaufpreises." oder Vergleichbares.

Denn letzteres kann lediglich das Ergebnis darstellen, das aber gerade das Ziel der gutachterlichen Fallprüfung ist. Ein Vorgehen dieser Art, das mit dem Ziel beginnt und lediglich Begründungen enthält, nennt man „Ur-teilsstil". Ein Urteil führt im Gegensatz zu einem Gutachten lediglich auf einem einzigen Weg zum Ziel, und ein solcher Stil ist in einer juristischen Fallklausur im allgemeinen vorsichtig anzuwenden, auf keinen Fall aber zu Beginn des Gutachtens.

Trotz dieser Festlegungen sollten Sie den Gutachtenstil variabel und fle-xibel einsetzen. So unterscheidet sich der grundsätzliche Aufbau einer Klausur nach Rechtsgebiet und Fallfrage. Einzelheiten dazu später.

Ein wichtiger Anwendungsbereich des Urteilsstils findet sich z.B. in juristischen Klausuren, wenn unproblematische Punkte lediglich festge-stellt werden und keine ausführliche Problemerörterung notwendig und überflüssig ist. Vor allem im Strafrecht treten häufig unproblematische Klausurteile auf, die schon auf Grund der tatsächlichen Sachlage keiner eingehenden Feststellung bedürfen. An dieser Stelle sei allerdings darauf hingewiesen, dass einigen Korrektoren subordinierende Kausalkonjunk-tionen wie „weil" und „da" ein didaktischer Dorn im Auge sind. Sie sehen bereits in der Benutzung dieser Wörter eine Gefahr für den richtigen Gebrauch des Gutachtenstils, so dass bestmöglich auf derlei Ausdrücke zu verzichten ist.

Fall 2

B übergibt C eine teure Flasche Wein als Geschenk von A. Weil C den A nicht leiden kann, wirft er die Flasche in einen Mülleimer. Hat sich C einer Sachbeschädigung nach § 303 StGB strafbar gemacht?

Die Weinflasche ist eine Sache, mithin grundsätzlich taugliches Tatobjekt für C. Fraglich ist, ob sie für C „fremd" i.S.d. § 303 StGB war. Das Eigen-tum einer Sache verbleibt bis zur Annahme eines Übereignungsangebotes beim Absender. Vorliegend hat C weder ausdrücklich noch schlüssig das Übereignungsangebot des A angenommen, die Weinflasche war für C im Moment des Wegwerfens also fremd. Durch Beförderung der Flasche in den Mülleimer hat C die Weinflasche zerstört, wobei die Zerstörung auch erst in der Folgezeit eingetreten sein kann. Zudem handelte C vorsätzlich, rechtswidrig und schuldhaft. C ist strafbar gem. § 303 StGB, wenn A Strafantrag stellt (§ 303c StGB).

Hier ist gut zu sehen, dass das Problem dieses Kurzfalls auf dem Tat-bestandsmerkmal „fremd" liegt. Alle anderen Voraussetzungen einer Strafbarkeit liegen unproblematisch vor und können somit im Urteilsstil festgestellt werden. Der Urteilsstil kann auch in anderen Rechtsgebieten überlegt und dosiert eingesetzt werden, er kann dann durchaus belebend wirken.

Manche Korrektoren – auch hierauf sei noch einmal explizit hingewie-sen – schätzen den Urteilsstil leider nicht besonders. Es gibt jedoch die Möglichkeit, den so genannten verkürzten Gutachtenstil anzuwenden, um auch diesen Korrektoren gerecht zu werden. Dieser Stil vereint die jeweilig zu prüfenden Voraussetzungen, teilweise auch die Definitionen und die Subsumtion in einem Satz. Dadurch wird Unproblematisches schnell, jedoch dem grundsätzlichen Aufbau und Stil eines Gutachtens entsprechend, abgearbeitet und so eine gute Schwerpunktsetzung ermög-licht, die auch sprachlich deutlich wird.

So würde es beispielsweise heißen: *Das gegenständliche Fahrrad stand zum Zeitpunkt der Tat im Eigentum des B, war mithin für T eine fremde bewegliche Sache im Sinne des § 242 StGB.* Die Frage der Beweglichkeit hinsichtlich des § 242 StGB dürfte höchstens problematisch werden, wenn eine eigentlich originär unbewegliche Sache durch den Täter erst beweglich gemacht wird (z.B. beim Blumen pflücken) und wäre auch nur dann zu problematisieren.

Ein anderes Beispiel wäre: *A und B haben übereinstimmende Willenser-klärungen, nämlich ein auf den Kauf des Autos gerichtetes hinreichend bestimmtes Angebot und dessen Annahme abgegeben, mithin wirksam einen Kaufvertrag im Sinne des § 433 BGB geschlossen.* Dieses Bei-spiel wäre durchaus noch etwas weiter verkürzt denkbar. Es zeigt gut die schnelle Abarbeitung eines unproblematischen Punktes, ohne dabei

Lücken zu lassen oder mangelnde Genauigkeit hinsichtlich der Prüfung zu begründen.

Aber nicht nur der Gutachtenstil, sondern die Tatsache, der Bearbeiter einer juristischen Klausur oder Übungsarbeit zu sein, fordert bestimmte stilistische Anpassungen. Um nämlich den Anforderungen dieser besonderen Klausurart gerecht zu werden, gibt es einige Dinge zu beachten: Der Bearbeiter sollte in kurzen, prägnanten und schnörkellosen Sätzen das Gutachten erstellen. Wichtig ist dabei ein klares Satzgefüge. Andernfalls besteht die Gefahr, sich in seinen eigenen Satzkonstruktionen zu verstricken und zu verlieren. Einerseits ist dies ein Unsicherheitsfaktor für die Klarheit der eigenen Ausführungen. Andererseits ist es nicht ratsam, den betreffenden Korrektor mit Bandwurmsätzen zu verärgern und letztlich durch seinen Unmut etwaige Punktabzüge zu riskieren. Es sei aber auch davor gewarnt, überkurze, telegrammartige Sätze zu verwenden. Dies lässt eine Klausur schnell holprig erscheinen.

Der Stil sollte stets den individuellen Anforderungen der jeweiligen Klausur bzw. des Klausurabschnitts angepasst sein. Er sollte locker und flüssig sein, nicht umgangssprachlich, sondern passend und konvenabel. Auswirkungen auf die fachliche Richtigkeit hat dies zwar nicht, aber ein stilistisch ansprechendes und gut lesbares Gutachten vermittelt einen positiven Gesamteindruck. Dies ist natürlich auch vor dem Hintergrund von Belang, dass der geneigte Korrektor einer solchen Klausur einiges mehr an Wohlwollen entgegenbringt, als einer stilistisch weniger ansprechenden Bearbeitung. Gemessen an der Vielzahl von Gutachten zum gleichen Sachverhalt, die einen Korrektor durchschnittlich erwarten, kann das ein wertvoller Vorteil sein und entscheidende Punkte sichern.

Achten Sie auch darauf, dass Sie sich die richtige Terminologie aneignen. Korrektoren wollen für gute Bewertungen oft Schlagwörter hören und „scannen" geradezu auf der Suche nach diesen Wörtern die Klausuren. Zwar lässt sich trefflich darüber streiten, ob gutes terminologisches Wissen – mit anderen Worten: auswendig gelernte Begrifflichkeiten – einen guten Juristen ausmacht. Es geht jedoch für den Bearbeiter einer Klausurstellung auch darum, den Leser davon zu überzeugen, eine richtige Lösung erarbeitet zu haben. Das Nennen bestimmter Begriffe ersetzt zwar kein gutes Gutachten, aber wenn Sie terminologisch fit sind und die jeweiligen Begriffe auch noch so weit mit Substanz unterfüttern können, dass der geneigte Korrektor eben diese Substanz erkennt, sind Sie auf einem guten Weg, eine gefällige Bewertung zu erreichen. Hüten Sie sich jedoch davor, mit Begriffen um sich zu werfen, wenn Sie die genaue Bedeutung entweder nicht kennen oder nicht zumindest kurz in Ihrem Gutachten auf diesen Begriff weiter eingehen wollen. So muss zwar nicht jeder Begriff erklärt werden, aber zumindest die sich hinter ihm verbergenden Konstruktionen oder Bedeutungen aus Ihrem Gutachten hervorgehen. Wenn Bearbeiter lediglich einzelne Fachbegriffe in einer Klausur benennen und dies teilweise ohne weitere Erklärung oder sogar schlimmstenfalls falsche Begriffe benutzen, kann die juristische Terminologie zu einer ziemlich peinlichen Angelegenheit werden.

Bei der Erstellung des Gutachtens ist auch insbesondere darauf zu achten, gedankliche Dichte und Struktur zu belegen. Ein strukturiertes Gutachten, das ohne Gedankenlücken und gedankliche Sprünge erstellt wurde, spiegelt ein sauberes und geordnetes Denkvermögen des Bearbeiters und auch die Güte seines materiellen Wissens wider. Daneben fördert es die Argumentationsstärke und die Verständlichkeit. Jeder Gedankensprung bezeugt Unsicherheit, jede Gedankenlücke verrät eine Wissenslücke.

Auch die Wortwahl kann diesbezüglich mehr preisgeben, als es auf den ersten Blick scheint. Wörter wie „eindeutig" oder „zweifellos" sollten daher in ein Gutachten möglichst nicht einfließen. Diese Wörter bezeugen lediglich mangelnde Argumentationstiefe. Ein Gutachten soll aus sich selbst überzeugen, durch Sachlichkeit und präzise, messerscharfe Argumentation, nicht durch blumige und vermeintlich kräftige Worte.

Leitsatz 5

Das Gutachten

Jede Klausur ist im **Gutachtenstil** zu schreiben. Das **Ergebnis** steht grundsätzlich **am Ende**, das Gutachten beschreibt den **Lösungsweg**. Es müssen alle möglichen Lösungen gutachterlich untersucht werden.

Lektion 6: Die Technik

Die sichere Beherrschung des Gutachtenstils erklärt nun aber noch nicht, wie das Gutachten im Einzelnen entsteht. Die Gutachtentechnik lässt sich in vier Arbeitsschritte untergliedern, in ein Arbeitsschema, dessen strikte Anwendung für die Anfertigung eines juristischen Gutachtens erforderlich ist. Sollte ein Gutachten auch ineinander verschachtelte Prüfungen erfordern, zieht sich doch immer dieses Schema durch die Prüfungen. Sie werden dann nacheinander (niemals durcheinander) abgearbeitet. Dieses Schema ist als roter Faden des Gutachtens zu verstehen.

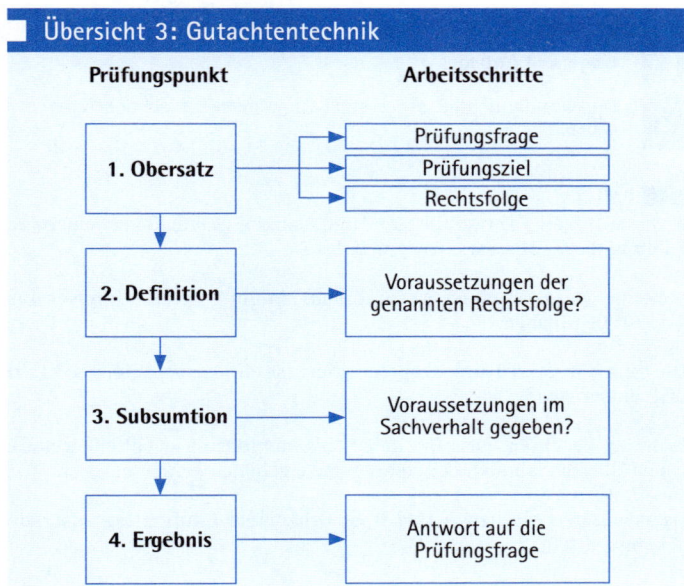

Übersicht 3: Gutachtentechnik

Prüfungspunkt	Arbeitsschritte
1. Obersatz	Prüfungsfrage Prüfungsziel Rechtsfolge
2. Definition	Voraussetzungen der genannten Rechtsfolge?
3. Subsumtion	Voraussetzungen im Sachverhalt gegeben?
4. Ergebnis	Antwort auf die Prüfungsfrage

1. Obersatz

Der Obersatz legt das vom Bearbeiter gewünschte Prüfungsziel fest. Damit beginnt jede Prüfung in einem Gutachten. Der Bearbeiter wirft eine Prüfungsfrage auf, mit der er auf eine gewünschte Rechtsfolge verweist. Dabei sieht man, dass es essentiell wichtig ist, die richtige Prüfungsfrage zu stellen und auch richtig zu formulieren. Denn mit der falschen Prüfungsfrage wird auch automatisch auf die falsche Rechtsfolge gezielt. Die richtige Prüfungsfrage ist auch gleichzeitig Voraussetzung für den Einstieg in die richtige Beantwortung der Fallfrage.

Leitsatz 6

Frage und Antwort

Nur wer die richtige Frage stellt, kann auch die richtige Antwort geben.

 Fall 3

A verkauft B ein Fahrrad für 500 € und übergibt es ihm. B verweigert die Zahlung des Kaufpreises. Anspruch des A?

A könnte gegen B einen Anspruch auf Zahlung des Kaufpreises aus § 433 II BGB haben.

Die zugehörige Prüfungsfrage ist hier: Ist ein Anspruch aus § 433 II BGB entstanden?

Es ist zu beachten, dass in einer Schachtelprüfung eventuell weitere einem Obersatz ähnliche Einleitungssätze gebildet werden müssen.

Dazu müsste zwischen A und B ein wirksamer Kaufvertrag zustande gekommen sein.

Die zugehörige Prüfungsfrage hier: Wirksamer Kaufvertrag?

Das bedeutet, dass sich das obige Arbeitsschema durch den gesamten Gutachtenaufbau zieht. Es tritt möglicherweise in vielen Prüfungsschritten immer wieder auf.

Übersicht 4: Gliederungsebenen

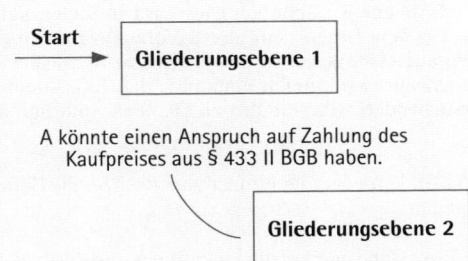

Start → **Gliederungsebene 1**

A könnte einen Anspruch auf Zahlung des
Kaufpreises aus § 433 II BGB haben.

Gliederungsebene 2

Dazu müsste zwischen A und B ein wirksamer Kaufvertrag geschlossen
worden sein. Dies setzt voraus, dass beide übereinstimmende Willenser-
klärungen in Form von Angebot und Annahme abgegeben haben, die auf
den Abschluss eines Vertrages gerichtet waren.

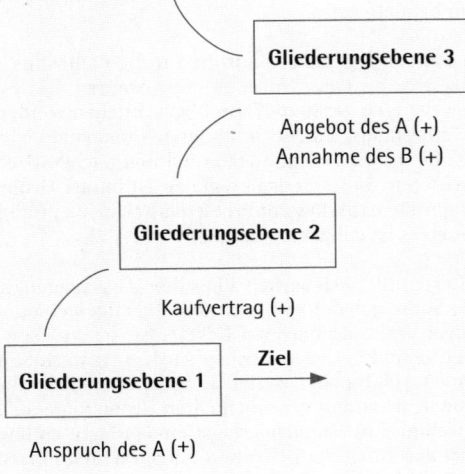

Gliederungsebene 3

Angebot des A (+)
Annahme des B (+)

Gliederungsebene 2

Kaufvertrag (+)

Gliederungsebene 1 **Ziel** →

Anspruch des A (+)

2. Definition

Nun folgt das Festlegen der gesetzlichen Voraussetzungen für die im Obersatz bereits beschriebene Rechtsfolge. Dies wird in vielen Fällen zunächst eine Norm aus dem Gesetz sein, deren Voraussetzungen dort festgelegt sind. Die Voraussetzungen unter denen die gewünschte Rechtsfolge von der Norm gewährt wird, nennt man auch den Tatbestand der Norm. Alle zu untersuchenden tatbestandlichen Elemente sind nun also zu nennen.

Beispiel: Gem. § 985 BGB kann der Eigentümer vom Besitzer die Herausgabe der Sache verlangen.

Die hier enthaltenen Tatbestandsmerkmale: Eigentümer und Besitzer. Um die Herausgabe der Sache verlangen zu können, muss der Verlangende der Eigentümer der herauszugebenden Sache, der Anspruchsgegner muss der Besitzer der Sache sein. Soweit man auch die „Sache" noch als Tatbestandsmerkmal betrachten möchte, sei der Hinweis gegeben, dass es sich bei „Sache" im Sinne des § 985 BGB um bewegliche *und* unbewegliche Sachen handeln kann.

Dabei müssen regelmäßig nur die für die Falllösung wichtigen Tatbestandselemente einer Norm genannt werden und es muss und sollte keineswegs eine gesamte Norm abgeschrieben werden. Ist die Prüfung eines Tatbestandselements umfangreich und sind viele Prüfungsschritte notwendig, ist die Prüfung erklärend und nachvollziehbar zu gestalten. Bei mehreren Tatbestandsmerkmalen ist immer Grundsätzliches zuerst und Unproblematisches vor Problematischem zu prüfen. Die Reihenfolge des Gesetzes ist dabei einzuhalten.

Mitunter kann Unsicherheit über den Aussagegehalt einer Norm bestehen. Sollte das der Fall sein, sind die allgemeinen Auslegungsregeln nach dem Wortlaut, nach der Gesetzessystematik sowie die historische Auslegung und die teleologische Auslegung nach Sinn und Zweck anzuwenden. Häufig aber ist der Gesetzeswortlaut so klar, dass der Wortlaut zur Begründung der angepeilten Rechtsfolge ausreicht. Ziel ist es, das jeweilige Tatbestandsmerkmal eindeutig zu erklären, zu definieren. Anhand der durch die Definition eingetretenen Präzisierung eines Tatbestandsmerkmals ist dann der folgende Prüfungspunkt durchzuführen.

Für eine Vielzahl von Normen sind allgemein anerkannte Definitionen für die jeweiligen Tatbestandsmerkmale entstanden.

Beispiel: Gem. § 130 I 1 BGB wird eine gegenüber einem Abwesenden abgegebene Willenserklärung in dem Moment wirksam, in dem sie ihm zugeht.

Die anerkannte Definition für das Tatbestandsmerkmal „Zugang" lautet: „Eine Erklärung gilt als zugegangen, wenn sie so in den Machtbereich des Empfängers gelangt ist, dass er unter normalen Umständen die Möglichkeit hat, von ihr Kenntnis zu nehmen."

Solche Definitionen finden sich in Kommentaren oder Lehrbüchern und es ist jedem Studenten zu empfehlen, die Standarddefinitionen im Kopf zu haben. Dies kann wertvolle Zeit in der Klausur retten und eine nervliche Entlastung bedeuten, denn sicher abrufbares Wissen ist nicht zuletzt ein Faktor des eigenen Sicherheitsgefühls.

Was genau unter dem Begriff „Standarddefinitionen" fällt, ist nicht pauschal zu sagen. Jedenfalls macher Sie aber keinen Fehler, wenn Sie die Definitionen, die Stoff der ersten von Ihnen absolvierten Falllösungen und Übungen sind, möglichst nicht wieder vergessen.

Bestimmte Tatbestandsmerkmale sind sogar an anderer Stelle im Gesetz definiert, sog. Legaldefinitionen.

Beispiel: Für die Anwendbarkeit der Vorschriften über den Verbrauchsgüterkauf (§§ 474 ff. BGB) ist es gem. § 474 I 1 BGB nötig, dass ein Verbraucher von einem Unternehmer eine bewegliche Sache kauft. Für die Tatbestandsmerkmale des Verbrauchers und des Unternehmers findet sich in § 13 bzw. § 14 BGB jeweils eine Legaldefinition.

Doch auch wenn die Erinnerung mal versagt, sollte man sich eine eigene Definition einfallen lassen, ungeachtet der Tatsache, dass diese nicht den lehrbuchmäßigen Standard erreichen mag. Oft trifft man mit solchen Eigendefinitionen den Kern besser als man es selbst glaubt. Außerdem ist es immer besser mit eigenen Worten zu umschreiben, als auf eine Definition zu verzichten. Denn sonst klafft hier eine schematische Lücke, die jedem Korrektor sofort ins Auge fällt.

3. Subsumtion

In der Subsumtion ist zu prüfen, ob der Klausursachverhalt die vorher genannten und erklärten Tatbestandsmerkmale für die gewünschte Rechtsfolge erfüllt. Die Vorschrift bzw. die Definitionen der Tatbestandsmerkmale sind mit dem Sachverhalt abzugleichen und es ist zu schauen, ob beide miteinander übereinstimmen. Hängt die gewünschte Rechtsfolge von mehreren Tatbestandsmerkmalen ab, muss nacheinander für jedes Tatbestandsmerkmal der Sachverhalt unter die Rechtsnorm subsumiert werden. Sollten auch nur für ein Merkmal Sachverhalt und Tatbestand nicht vollständig miteinander übereinstimmen, so ist die jeweilige Norm im Ergebnis nicht passend. Neben Normen, die kumulativ Tatbestandsmerkmale vereinen, existieren auch Normen die alternative Tatbestandsmerkmale beinhalten. Hier reicht selbstverständlich die Erfüllung eines dieser Merkmale um die Norm greifen zu lassen.

Dieses schrittweise Abgleichen von Sachverhalt und Gesetz nennt man „subsumieren". Insgesamt ist die Subsumtion eine logische Denkfigur, ein so genannter syllogistischer Schluss.

▉▉ Fall 4

A schlägt seinen Freund B auf die Nase. B blutet daraufhin heftig.

Hat A den objektiven Tatbestand einer Körperverletzung erfüllt?

Der erste Arbeitsschritt zur Lösung dieses Falles liegt darin, sich den Gesetzestext genau vor Augen zu halten. § 223 StGB besagt: „Wer eine andere Person körperlich misshandelt oder an der Gesundheit schädigt, wird mit Freiheitsstrafe bis zu fünf Jahren oder mit Geldstrafe bestraft." Die Subsumtion bewältigt sich am Beispiel des Tatbestandsmerkmals „körperliche Misshandlung" wie folgt:

Übersicht 5: Subsumtion

1. Schritt	Eine körperliche Misshandlung ist eine üble, unangemessene Behandlung, die das körperliche Wohlbefinden nicht nur unwesentlich beeinträchtigt.
Voraussetzung (Tatbestandsmerkmale) einer (möglicherweise) auf den Sachverhalt passenden Rechtsnorm	

2. Schritt	A schlägt B. B blutet daraufhin heftig.
Suche und Herausarbeitung der zur Voraussetzung passenden Information im Sachverhalt	

3. Schritt	Die blutig geschlagene Nase ist eine das Wohlbefinden vermindernde und auch erhebliche Misshandlung.
Vergleich von Voraussetzungen und Sachverhalt und juristische Bedeutung	

Bei diesem Beispiel ist folgendes zu beachten: Der vollständige objektive Tatbestand der Körperverletzung umfasst zudem grundsätzlich noch die Kausalität und die objektive Zurechnung. Beides wäre in Fall 4 nicht anzusprechen, weil diese Punkte offensichtlich und unproblematisch gegeben sind. Es gilt aber bei der Körperverletzung zu beachten, dass der Tatbestand des § 223 StGB eine Körperverletzungshandlung und einen Körperverletzungserfolg erfordert. Das bedeutet, dass ein Schlag des A, der keinerlei tatbestandlichen Erfolg (also Gesundheitsschädigung bzw. körperliche Misshandlung) herbeiführte, nicht ohne Weiteres unter § 223 StGB fiele (§ 223 StGB ist ein so genanntes Erfolgsdelikt). Es käme dann nur noch ein Versuch in Frage (vgl. dazu „IV. Die strafrechtliche Fallklausur"). Zudem enthält § 223 StGB strukturell alternative Tatbestandsmerkmale, deren jeweilig alleinige Verwirklichung bereits zur Vollendung eines Delikts nach § 223 StGB führen kann. Der Täter muss entweder eine körperliche Misshandlung *oder* eine Gesundheitsschädigung (Definition: *Das Hervorrufen oder Steigern eines vom Normalzustand abweichenden krankhaften Zustandes.*) begehen. Beide Tatbestandsmerkmale wären in Fall 4 allerdings sogar kumulativ betroffen (was bei § 223 StGB auch die Regel ist). Als letztes Tatbestandsmerkmal muss schließlich noch als Opfer eine „andere Person" (Definition: *Eine andere Person ist ein geborener, lebender Mensch, der nicht identisch mit dem Täter ist.*) betroffen sein. An diesem Bespiel ist gut zu sehen, dass schon ein recht einfach erscheinender Lebenssachverhalt juristisch relativ kompliziert werden kann.

Den ersten und zweiten Schritt nennt man die „Prämisse", während der dritte Schritt die „conclusio" darstellt. Dies verdeutlicht die logische Struktur, die der Subsumtion zu Grunde liegt. Innerhalb des ersten Schrittes ist, wie im Beispiel zu sehen, auch die Definition des jeweiligen Tatbestandsmerkmales zu nennen. Das Ergebnis der Fallfrage lautet schließlich: „A hat den objektiven Tatbestand der Körperverletzung erfüllt!"

Es kommt bisweilen vor, dass es trotz hinreichender Auslegungsversuche nicht möglich ist, einen Sachverhalt sinnvoll unter das Gesetz zu subsumieren. In einem Sachverhalt kann ein rechtliches Problem aufgeworfen werden, das im Gesetz nicht geregelt ist. Dagegen kann auch der Fall auftreten, dass die Subsumtion eines Sachverhalts unter das Gesetz zu sinnwidrigen Ergebnissen führen würde. Tritt eine solche Problematik auf, ist man auf eine so genannte „planwidrige Regelungslücke" im Gesetz gestoßen, die es nach dem Telos – dem Sinn und Zweck – des Gesetzes bzw. der jeweiligen Regelung zu füllen gilt. Für eine solche ergänzende Auslegung bieten sich zwei Methoden an, die Analogie und die teleologische Reduktion.

aa) Analogie

Manchmal liegen bestimmte Voraussetzungen einer Rechtsfolge nicht vor, obwohl die Anwendung der entsprechenden Vorschrift für einen konkreten Sachverhalt geboten erscheint. Im Ergebnis wird in einem solchen Fall die Rechtsfolge einer Norm auf einen Sachverhalt erstreckt, obwohl diese Norm ihrem eindeutigen Wortlaut nach nicht anwendbar ist. Voraussetzung dafür ist zunächst eine planwidrige Regelungslücke. Hätte der Gesetzgeber eine Rechtsmaterie bewusst nicht in den Regelungsbereich einer Norm einbezogen, würde dies jegliche ergänzende Auslegung sperren.

Eine planwidrige Regelungslücke liegt danach vor, wenn es sich bei der fraglichen um eine rechtliche Problematik handelt, die der Gesetzgeber bei Kenntnis geregelt hätte. Diese gesetzgeberische Unkenntnis kann vielgestaltige Gründe haben. Einerseits kann der Gesetzgeber den Regelungsbedarf eines bestehenden Lebenssachverhalts schlicht übersehen haben. Andererseits mag der Gesetzgeber den möglichen Bedarf einer Regelung oder die mögliche Neugestaltung eines Lebenssachverhalts erkannt haben, aber zunächst die weitere Entwicklung inklusiv etwaiger Entscheidungen und Erfahrungen der Judikative abwarten wollen, um schließlich richtig und umfassend regeln zu können. Aber auch Änderungen in den Rahmenbedingungen nach Inkrafttreten des Gesetzes, die vom Gesetzgeber nicht vorhergesehen werden konnten, können Grund einer planwidrigen Regelungslücke sein.

Beispiel: Es wird in der Literatur und der Rechtsprechung seit geraumer Zeit diskutiert, ob der § 556 III 3 BGB für Gewerberaummietverhältnisse analoge Anwendung finden kann. Hintergrund ist folgender: Gem. § 556 III 1 und 2 BGB ist der Vermieter einer Wohnung (Wohnraummietverhältnis) verpflichtet, bis Ende des 12. Monats nach dem jeweiligen Abrechnungszeitraum eine Neben- und Betriebskostenabrechnung zu erstellen. Gem. § 556 III 3 BGB ist eine etwaige Nachforderung des Vermieters ausgeschlossen, wenn er sich nicht an diese Abrechnungsfrist hält. Jetzt muss man wissen, dass § 578 BGB regelt, welche Vorschriften aus den §§ 549 ff. BGB (Vorschriften für Mietverhältnisse über Wohnraum) auf Mietverhältnisse, die nicht über Wohnraum geschlossen werden, anwendbar sind. Der Gesetzgeber hat hier explizit einige dieser Vorschriften über § 578 II BGB auf Gewerberaummieten für anwendbar erklärt. § 556 BGB ist in jener Aufzählung jedoch nicht genannt. Hier ist auf Grund der Tatsache, dass der

Gesetzgeber einzelne wenige Vorschriften ausgewählt hat und auf einen abweichenden Sachverhalt für anwendbar erklärt darauf zu schließen, dass er die Anwendung des § 556 BGB auf Gewerberaummieten eben nicht bezweckt. Dies spricht gegen die Planwidrigkeit einer Regelungslücke, sodass eine Analogie letztendlich nicht in Frage kommt und daher eine gesetzliche Ausschlussfrist für Forderungen aus Nebenkostenabrechnungen bei Gewerberaummietverhältnissen nicht besteht (vgl. BGHZ 184, 117).

Ist nach gewissenhafter und umfassender Wertung sichergestellt, dass eine bewusste Regelungslücke ausscheidet, so muss nun noch eine zweite Voraussetzung gegeben sein, um im Wege der Analogie vorzugehen: Eine Vergleichbarkeit der Interessenlage zwischen denen von der Norm geregelten Fällen und der zu untersuchenden Fallgruppe ist nötig. An dieser Stelle formt sich gewissermaßen eine neue Rechtsfigur, es handelt sich um Rechtsschöpfung. Diese findet selbstverständlich im Vorbehalt des Gesetzes (Art. 20 III GG), Grundrechten und dem Rechtsstaatsprinzip ihre Grenzen. Jedoch ist die Analogie ein mächtiges juristisches Instrument, das nicht unüberlegt angewendet werden sollte. Vor allem in der Fallbearbeitung während des Studiums ist eine Analogie in Eigenkreation fehl am Platz. Vielmehr existieren eine Reihe in der Rechtspraxis anerkannte Analogiefälle, bzw. Fallgruppen und Analogien, die in Lehre und Rechtsprechung diskutiert werden. Nur auf diese ist in Fallklausuren Bezug zu nehmen.

Beispiel: Mögliche Zurechnung des äußeren Erklärungstatbestandes gegebenenfalls sogar ohne Vorhandensein des inneren Erklärungstatbestandes, § 172 II BGB analog.

Der § 172 II BGB wird nach der Rechtsprechung des BGH analog auf die Fälle angewendet, in denen ein mit Unterschrift versehenes Blankett zur Ausfüllung durch einen anderen aus der Hand gegeben wird, der durch die Ausfüllung entstandene Inhalt aber nicht dem Willen des Blankettgebers entspricht. In diesen Fällen, in denen das Blankett ohne weiteren Ermächtigungsbeleg überlassen wird, hat der Blankettgeber einen zurechenbaren (durch bewusste Weggabe einer unvollständigen Urkunde zur Ausfüllung) Rechtsschein gesetzt, auf den sich der Geschäftspartner verlassen können muss (vgl. BGHZ 132, 119).

bb) Teleologische Reduktion

Mitunter kann es vorkommen, dass die Voraussetzungen für eine Rechtsfolge vorliegen, die Anwendung der jeweiligen Vorschrift mit dieser Rechtsfolge aber im konkreten Fall nicht ausreichend differenziert und qualifiziert erscheint. D.h. eine Vorschrift wird nicht angewendet, obwohl der Sachverhalt eigentlich unter sie zu subsumieren ist und sie auch nach Wortlaut anwendbar ist, quasi das Gegenteil einer Analogie. Voraussetzung für eine solche teleologische Reduktion ist einerseits eine (verdeckte) planwidrige Regelungslücke, die unter gleichen Voraussetzungen wie bei der Analogie entsteht und andererseits, dass die Anwendung der einschlägigen Vorschrift zu sinnwidrigen Ergebnissen führt. Für die Anwendung der Konstruktion der teleologischen Reduktion gilt gleiches wie bei der Analogie. Auf keinen Fall darf ein solcher Fall selbst kreiert werden, vielmehr gibt es auch für die teleologische Reduktion anerkannte Fallgruppen.

Beispiel: Teleologische Reduzierung des § 167 II BGB, des Grundsatzes der formfrei erteilbaren Vollmacht, unabhängig von der Formbedürftigkeit des Bezugsgeschäfts.

Der § 167 II BGB legt die formfreie Erteilung einer Vollmacht fest, insbesondere bedarf die Vollmacht nicht der Form des Rechtsgeschäfts auf das sich die Vollmacht bezieht. Jedoch muss dieser Grundsatz unter anderem dann eingeschränkt werden, wenn die Formvorschrift des Rechtsgeschäfts auf das sich die Vollmacht bezieht einen so umfangreichen Zweck besitzt, dass eine Formfreiheit der Vollmacht diesen unterlaufen würde. Formzwang ist oft geschaffen worden, um dem Erklärenden den Inhalt seiner Erklärung vor Augen zu halten und vor übereilten Entscheidungen zu schützen. Insofern dient der Formzwang neben der Beweisfunktion auch einer Warn- und Beratungsfunktion (Beispiel: Grundstückskauf, § 311b BGB). Daher wäre es sinnwidrig, wenn der Erklärende durch Erteilung einer mündlichen Vollmacht den Formzwang und die damit verbundenen Warnungen überwinden könnte. Im Ergebnis muss die Vorschrift des § 167 II BGB eingeschränkt werden, damit der Anwendungsbereich mit dem Zweck einer Formvorschrift weitgehend korrespondiert.

4. Ergebnis

Jeder Obersatz bedarf schließlich einer Ergebnisfeststellung. Wenn also alle Merkmale erschöpfend und überzeugend abgearbeitet wurden, steht am Ende der gutachterlichen Prüfung das Ergebnis. Hierbei sollen nur aufgeworfene Fragen beantwortet werden, unbearbeitete Probleme, die nie zuvor im Gutachten aufgetaucht sind, werden nicht beantwortet.

Einerseits steht am Ende des Gutachtens das Ergebnis zur Fallfrage. Zu beachten ist aber, dass jeder zusätzliche Einleitungssatz bei einer Schachtelprüfung auch ein Ergebnis benötigt. Jede Ebene der Prüfung, die einmal eröffnet wurde, muss auch wieder verlassen und mit einem Zwischenergebnis geschlossen werden.

Der Weg der Entscheidungsfindung muss immer wieder zu seinem Ausgangspunkt zurückgeführt werden. Negative Ergebnisse wie z.B. „A hat sich nicht wegen §§ 223, 303, ... StGB strafbar gemacht" werden in der Prüfung des jeweiligen Tatbestandes noch genannt, dürfen aber im Endergebnis des Gutachtens bzw. in zusammenfassenden Teilergebnissen nicht genannt werden. Der Ausschluss der Strafbarkeit ist lediglich die Folge einer fehlenden Voraussetzung und keine Antwort auf eine Fallfrage.

Das gleiche gilt für das Endergebnis im Zivilrecht, in dem nur bestehende Ansprüche genannt werden. Im öffentlichen Recht ist jedoch oft auch ein negatives Ergebnis zu nennen: „Die Verfassungsbeschwerde des X ist zulässig aber unbegründet." Dies hängt von der Fallfrage ab: „Hat die Verfassungsbeschwerde des X Erfolg?" ist eine Fallfrage, die ein negatives Ergebnis einbezieht.

Lektion 7: Fallbearbeitung

Und hier abschließend zur Erstellung von Gutachten ein zusammenfassender Überblick zur konkreten Fallbearbeitung. Im ersten Teil werden die Arbeitsschritte im einzelnen dargestellt. Dem schließen sich dann besondere Hinweise zur Vermeidung von Fehlern an.

Arbeitsschritte

1. Aufmerksames Lesen des Bearbeitervermerks!

Dieser Vermerk enthält vielfach essentielle Anweisungen und hilft mitunter schon, das Problembewusstsein beim erstmaligen Lesen des Sachverhalts auf einen eingrenzbaren, für das Gutachten der Lösung relevanten Bereich zu konzentrieren. So lässt sich die Beschäftigung mit potentiellen Lösungsansätzen, die für die Lösung der Klausur überflüssig sind, von vornherein vermeiden. Auch enthält der Vermerk oft Einschränkungen hinsichtlich der anzuwendenden Gesetze.

2. Genaues Lesen der Fallfrage!

Das Gutachten darf nur genau das enthalten, was von der Fallfrage des Sachverhalts verlangt wird. Oft wird aber z.B. bei der Frage „Prüfen Sie die Verfassungsmäßigkeit des Gesetzes!" trotz der genauen Arbeitsanweisung ein komplettes Beschwerdeverfahren mit Zulässigkeit und Begründetheit geprüft. Dies ist nicht zuletzt deswegen abwegig, da der Sachverhalt in diesen Fällen auch gar keine verwertbaren Informationen zu den jeweiligen (Zulässigkeits-)Voraussetzungen enthalten wird.

3. Zweimaliges konzentriertes Lesen des Sachverhalts!

Schon beim ersten Lesedurchgang in Form eines Brainstormings alle Ideen und Assoziationen entweder auf einen gesonderten Zettel oder an den Rand des Sachverhalts schreiben. So geht kein vielleicht kostbarer Gedanke verloren. Beim zweiten Lesedurchgang die Gedanken vervollständigen und bereits versuchen, Problemkreise zu erkennen.

4. Erstellen einer übersichtlichen Gliederung!

Nun erfolgt die Erstellung einer inhaltlich an Fallfrage und Bearbeitervermerk angepassten Gliederung, die so übersichtlich wie möglich anzulegen ist. Die Gliederung verfügt bereits über eine geeignete Nummerierung und Überschriften. In ihr finden alle im Gutachten zu prüfenden Tatbestandsmerkmale, Definitionen und Subsumtionen ihren Platz. Dieser Punkt ist nicht zu unterschätzen; vor Erstellung der Reinschrift sollte jedes vom Sachverhalt aufgeworfene Problem im Stadium der Gliederung bereits zu Ende durchdacht sein. Um rechtliche Beziehungen zu verdeutlichen, kann sich auch das Zeichnen einer Fallskizze anbieten.

5. Erstellen der Reinschrift!

Die Reinschrift sollte in möglichst leserlicher Schrift erstellt werden. Anknüpfend an die Gliederung sind bei diesem Arbeitsschritt die einzelnen Gliederungspunkte im Gutachtenstil sauber zueinander zu fügen.

6. Durchsicht!

Wenn noch Zeit ist ...

Hinweise

Achten Sie darauf, eine sinnvolle Zeiteinteilung für die Arbeitsschritte zu wählen. Die Reinschrift kann je nach individueller Schreibgeschwindigkeit mitunter viel Zeit in Anspruch nehmen, sie sollte aber möglichst nicht länger als die Hälfte der Gesamtzeit dauern. Die Gliederung sollte ca. ein Drittel der Gesamtzeit in Anspruch nehmen.

Denken Sie daran, dass Ihr Gutachten das Spiegelbild des Sachverhalts ist. An Stellen, an denen der Sachverhalt viele Informationen liefert, sollten Sie auch in Ihrem Gutachten alle diese Informationen rechtlich gewürdigt haben. Wollen Sie etwas prüfen, zu denen Ihnen Sachverhaltsinformationen fehlen, ist das ein sicheres Zeichen dafür, dass Sie es lieber nicht prüfen sollten.

Hinsichtlich juristischer Terminologie sollten Sie Fachwörter bzw. feststehende Begrifflichkeiten in Klausuren nur nutzen, wenn Sie sich sicher sind, dass Sie den jeweils richtigen Begriff kennen. Wenn Sie jedoch unsicher sind, umschreiben Sie lieber, was Sie meinen, sonst wird es peinlich.

Wenn Sie in einer Klausur das Gefühl haben, von der abgefragten Materie zu wenig Kenntnis zu haben, geben Sie nicht vorschnell auf. Beruhigen Sie sich und versuchen Sie ein Gutachten nach allgemeinen Aufbauregeln zu erstellen und in Bereichen, in denen Sie unsicher sind, eigene Argumentations- und Lösungsansätze zu finden. Jura geht auch ohne simple Reproduktion.

Vermeiden Sie jede Form von überflüssigen Einschüben und den sog. Märchenstil („Der A möchte mit seiner Verfassungsbeschwerde vor dem BVerfG klären lassen, ob er im Recht ist. Deswegen formuliert er gem. den Formvorschriften einen Schriftsatz an jenes Gericht ..."). D.h.: Keine Kommentierungen zum Aufbau, keine Einleitungen und kein Schlusssatz. Verzichten Sie unbedingt auf den Personalstil („Das bedeutet für unseren Fall ..."). Achten Sie darauf, dass Sie nichts isoliert prüfen, sondern immer an dem Tatbestandsmerkmal bzw. an der Stelle des Gutachtens, an der die jeweilige Sachverhaltsinformation relevant wird.

Arbeiten sie konzentriert und halten Sie den Gutachtenstil ein! Wenden Sie ihn aber variabel an, rechtlich unkomplizierte Prüfungen handeln Sie im Urteilsstil oder im verkürzten Gutachtenstil ab. Vermeiden Sie Kausalkonjunktionen wie „weil" und „da" sowie Begriffe wie „eindeutig", „zweifelsfrei" und „unproblematisch" (und „quasi") innerhalb Ihres Gutachtens.

Denken Sie beim Anfertigen eines Gutachtens für eine Klausur an den Blickwinkel ihres Korrektors. Dieser möchte im Wesentlichen und auf Grund der Menge an von ihm zu korrigierenden Klausuren gerne Schlüsselworte lesen und einen guten Aufbau sehen. Sie können in Ihrer Argumentation vieles vertreten, das nicht völlig fernliegend ist. Das Ergebnis ist am Ende oft relativ, wenn Sie argumentativ stimmig bleiben. Wenn Sie ein stringentes Gutachten vorlegen, welches stil- und aufbausicher ist, ist das meist schon die halbe Miete (Obersatz – Definition – Subsumtion – Ergebnis).

III.   Die zivilrechtliche Fallklausur

Lektion 8: Der Einstieg

Bei dem Aufbau und der Lösung einer zivilrechtlichen Übungsarbeit ist eine Fallskizze von großer Bedeutung, um sich die einzelnen rechtlichen Beziehungen zu veranschaulichen. Denn vor allem im Zivilrecht finden viele unterschiedliche rechtliche Abläufe statt, die ohne eine Skizze nur schwer zu erfassen sind. Vor allem bei Dreieckskonstellationen oder speziellen rechtlichen Problemen wie bspw. dem Durchgangserwerb, aber auch bei einem „normalen" Sachverhalt wirkt eine Fallskizze durch die Vermittlung eines guten und strukturierten Überblicks unnötigen Verwirrungen entgegen, die sich aus der Informationsfülle des Sachverhalts ergeben können.

▬▬▬ Fall 5

K kauft ein Mobiltelefon der Marke „Mobilruf" bei dem Elektronikhändler V für 300 €. V soll das Mobiltelefon auf Kosten des K liefern. V schickt das Mobiltelefon, gewissenhaft verpackt, mit der Post. Im Zuge der Zustellung geht das Paket mit dem Mobiltelefon verloren, V trifft aber keinerlei Verschulden. K verlangt Lieferung eines neuen Exemplars der ausgesuchten Marke.

Zu Recht? Kann V von K Zahlung des Kaufpreises verlangen?

Um diesen Sachverhalt richtig lösen zu können, empfiehlt sich zunächst die Anfertigung einer Fallskizze. In der Fallskizze versuchen Sie, einen mitunter durchaus komplexen Ablauf aller tatsächlichen Umstände darzustellen, und ordnen den jeweiligen Abläufen rechtliche Vorschriften zu. Es empfiehlt sich zudem, die zeitliche Reihenfolge kenntlich zu machen. Fallskizzen sind sehr zu empfehlen und geben Ihnen einen guten Überblick über das von Ihnen zu prüfende Geschehen. Lassen Sie sich auch nicht von etwaigen Belustigungen einiger Kommilitonen verwirren, Fallskizzen sollten in Ihren Falllösungen keine stiefmütterliche Behandlung erfahren. Haben Sie einmal einen umfangreicheren Sachverhalt zu begutachten werden Sie es sich selbst danken.

Übersicht 6: Beispiel für eine Fallskizze

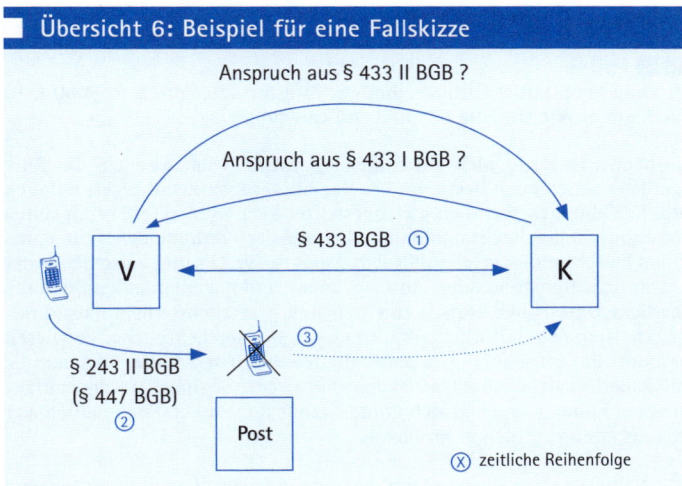

Anspruch aus § 433 II BGB ?

Anspruch aus § 433 I BGB ?

§ 433 BGB ①

V ←→ K

§ 243 II BGB
(§ 447 BGB)
②

Post ③

Ⓧ zeitliche Reihenfolge

Die richtige Bewältigung einer zivilrechtlichen Übungsarbeit steht in direkter Beziehung zu der am Ende der Klausur gestellten Fallfrage. Schon an dieser Fallfrage lässt sich der von dem Klausursteller geforderte Aufbau des Gutachtens bestimmen. Aus diesem Grund ist absolute Aufmerksamkeit bei dem Beginn der Klausurbearbeitung nötig: Die richtige und vollständige Vergegenwärtigung der Fallfrage stellt die erste und wichtigste Weiche für die Güte des Gutachtens. Unterläuft dem Bearbeiter hier ein Fehler, ist die Klausur aus dem unteren Drittel der Benotungsskala nicht mehr zu retten. Beherzigt man aber bestimmte Regeln und etablierte Richtlinien, ist diese erste Hürde gewissenhaft und souverän zu meistern.

Lektion 9: Grundlagen

▬▬ Fall 6

A einigt sich mit B darüber, ihm ein Bild für den Preis von 5000 € zu verkaufen. Wie sind die rechtlichen Beziehungen?

Zunächst ist nötig, sich vor Augen zu führen, was zu regeln das Bürgerliche Gesetzbuch bestimmt ist: Das bürgerliche Recht regelt nämlich die Beziehungen rechtlich gleichgestellter Rechtssubjekte. Streitigkeiten im Bürgerlichen Recht und damit auch die Sachverhalte der zivilrechtlichen Fallklausuren erschöpfen sich daher in der Klärung verschiedenster Ansprüche der streitenden Parteien unter- und gegeneinander. Das Bürgerliche Gesetzbuch enthält zu einem Teil gesetzliche Anspruchsgrundlagen. Hier muss natürlich auf die entsprechenden Lehrbücher verwiesen werden. Für Einsteiger etwa auf BGB – *leicht gemacht*® oder auch auf die BGB-Serie welche mit AT/BGB – *leicht gemacht*® beginnt. Aus dem aufgezeigten Rahmen ergeben sich grundsätzlich auch die in einer Fallklausur abgefragten rechtlichen Probleme.

Die Fallfrage einer Klausur kann insofern einerseits konkreter Natur sein, so dass sie nach bestimmten Begehren einer bestimmten Person fragt „Kann A die Zahlung des Kaufpreises von B verlangen?". Häufig kann jedoch die Fallfrage allgemein gehalten sein, „Ansprüche des A?" oder „Was kann A von B verlangen?", teilweise sogar „Wie ist die Rechtslage?". In den ersten beiden Varianten sind alle möglichen Begehren des A gegen jeden anderen bzw. gegen B rechtlich zu untersuchen. In der letzten Variante, einer abstrakten Fallfrage, ist für jede im Sachverhalt mitgeteilte Person im Verhältnis zu jeder anderen auf Grundlage der Informationen des Sachverhalts zu untersuchen, was sie von der jeweils anderen verlangen kann. Es ist nach dem Inhalt aller möglichen Ansprüche gefragt und nach deren rechtlicher Bewertung. Anknüpfungspunkte sind hierbei auf wirtschaftlichen Aspekten beruhende und sinnvolle Begehren der jeweiligen Person, die unmittelbare (z.B. Übergabe einer Sache oder von Geld) oder mittelbare (z.B. Abgabe einer WE, die auf Übertragung des Eigentums an Geld oder einer Sache gerichtet ist) vermögensmäßige Relevanz entfalten. Darüber, was der Inhalt eines solchen Anspruchs ist, gibt das Bürgerliche Gesetzbuch selbst Aufschluss: In § 194 I BGB findet sich eine Legaldefinition des „Anspruchs". Ein Anspruch ist danach „das Recht, von einem anderen ein Tun oder Unterlassen zu verlangen". A kann also in Fall 6 auf Grundlage des § 433 II BGB die Zahlung des

Kaufpreises verlangen, während B die Übergabe des Bildes gem. § 433 I BGB verlangen kann. Dies beschreibt zumindest den Teil der sich aus dem Kaufvertrag ergebenden Verpflichtungen. Nach dem Abstraktionsprinzip ist für die Übereignung des Geldes bzw. des Bildes eine Verfügung gem. § 929 BGB nötig. Das Abstraktionsprinzip, welches im deutschen Zivilrecht gilt, teilt die rechtlichen Beziehungen der Bürger in Verpflichtungsgeschäfte und Verfügungsgeschäfte. Die Unterscheidung findet – allerdings dogmatisch unsauber – wie folgt statt:

Der Unterschied beider Ebenen ergibt sich bereits aus dem jeweiligen Namen. Auf der Ebene des Verpflichtungsgeschäfts verpflichten sich Rechtssubjekte verbindlich (und daher im Vollstreckungswege durchsetzbar) zu einer Handlung (die Tun, Dulden oder Unterlassen umfasst); auf der Ebene der Verfügung findet gewissermaßen der tatsächliche Teil der Rechtsbeziehung statt. Diese Ebene betrifft den Inhalt der Verpflichtung und deren Vollzug. Bezogen auf § 433 BGB bedeutet das für den Käufer: Gem. § 433 II BGB verpflichtet er sich zur Zahlung des Kaufpreises und zur Abnahme der Kaufsache. Auf Verfügungsebene zahlt er den Kaufpreis (bei einem Alltagskauf) in bar, übergibt und übereignet die Münzen bzw. Scheine und nimmt die Kaufsache ab, indem er sie in seinen unmittelbaren Besitz nimmt. Die Zahlung findet als Gegenleistung (und daher auch „Zug um Zug genannt – vgl. § 320 BGB) für die Übergabe und das Verschaffen des Eigentums an der mangelfreien Kaufsache durch den Verkäufer statt. Stehen sich diese beiden Handlungen „gegenüber", ist das Verfügungsgeschäft des Kaufvertrages mit Erfüllungswirkung vollzogen. Es bestehen dann keinerlei Ansprüche von Käufer und Verkäufer mehr untereinander auf Grund des Verpflichtungsgeschäfts, dem Kaufvertrag.

Bei Untersuchung der rechtlichen Beziehungen der Personen aus dem Klausursachverhalt, ist die Interessenlage der Beteiligten genau herauszuarbeiten.

Dabei wird jeweils ermittelt, wer Anspruchsteller, wer Anspruchsgegner und was die betreffende Anspruchsgrundlage für ein Begehren ist.

Für die Suche nach den Interessenlagen der im Sachverhalt genannten Personen, auf deren Grundlage ein Gutachten im Sinne der Fallfrage erstellt werden soll, hat sich ein Merksatz etabliert, der einerseits alle prüfungsrelevanten Aspekte beinhaltet und andererseits einen richtigen Aufbau gewährleistet:

Leitsatz 7

Zivilrechtlicher Fragesatz

Wer will was vom wem woraus?

Dieser Fragesatz sollte ständiger Begleiter bei der Bearbeitung einer zivilrechtlichen Fallklausur sein. So ist sichergestellt, dass die Klausurbearbeitung grundsätzlich mit dem Suchen und Finden einer Anspruchgrundlage beginnt, die auch nach ihrer jeweiligen Rechtsfolge mit dem Begehren der zu prüfenden Person übereinstimmt. Dabei ist jedoch grundsätzlich nicht zu vergessen, dass in einem Gutachten Akzente gesetzt werden müssen. Ist die abstrakte Fallfrage nach der Rechtslage die Grundlage der Bearbeitung, sollte man sich überlegen, wo die rechtliche Hauptproblematik des Sachverhalts steckt. Es müssen dann zwar trotzdem alle rechtlichen Beziehungen beleuchtet werden, die meisten eventuell aber sehr knapp, so dass eine Akzentuierung auf einige wenige Problemkreise stattfinden kann. Mitunter kann der Akzent eines Gutachtens lediglich auf einem Problemkreis liegen, so dass der Sachverhalt dann nicht unnötig ausgepresst werden sollte, sondern diese eine rechtliche Problematik muss einer sehr gewissenhaften und genauen Prüfung unterzogen werden.

Fall 7

V leiht L seinen Laptop für dessen Examenshausarbeit. B benutzt den Laptop in der Bibliothek seiner Universität und lässt diesen auf dem Tisch seines Arbeitsplatzes stehen, als er mit Kommilitonen in der Mensa schmaust. Der Laptop wird währenddessen von D gestohlen, der ihn seiner Freundin A zum Jahrestag schenkt.

Was ist das Begehren der einzelnen Beteiligten und welche Anspruchsgrundlagen kommen in Frage?

Ist die Interessenlage erst einmal richtig herausgearbeitet, ist zu untersuchen, welche konkrete Rechtsfolge der Interessenlage entspricht. Denn nur dieses Vorgehen stellt sicher, dass die jeweils richtige Anspruchsgrundlage zu der jeweils begehrten Rechtsfolge passt. Dementsprechend möchte A den Laptop gerne behalten, sie weiß ja nichts von der Vorgeschichte. Sollte sie ihn nicht behalten dürfen, möchte sie aber zumindest Ausgleich für ihren Verlust. V möchte natürlich seinen Laptop zurück, mindestens aber einen finanziellen Ausgleich. L möchte dies ebenso, um die Rückgabepflicht aus dem Leihvertrag mit V erfüllen zu können und nicht ersatzpflichtig zu werden. Mindestens möchte aber auch L einen finanziellen Ausgleich bekommen. Der Dieb D möchte selbstverständlich, dass der momentane Zustand bestehen bleibt.

Die Anspruchsgrundlagen, das „Woraus" ergeben sich in diesem Fall für V und L aus sachenrechtlichen Überlegungen; in Frage kämen also vorwiegend die §§ 985, 1007, 861, 812 BGB sowie §§ 823 I i.V.m. § 249 S. 1 BGB (Naturalrestitution). Ausgleichsforderungen, wenn die Herausgabe oder die Wiedereinräumung des Besitzes nicht mehr möglich ist, aber auch aus der Sicht von A, ergeben sich aus den §§ 280 ff. BGB.

Auf Verpflichtungsebene ist vorrangig der Anspruch aus § 604 I BGB auf Einräumung des unmittelbaren Besitzes relevant.

Festzuhalten ist, dass das Heraussuchen der passenden Anspruchsgrundlagen nicht chronologisch mit dem Auffinden der entsprechenden Anspruchsvoraussetzungen beginnt, sondern vielmehr gewissermaßen „rückwärts" mit der Rechtsfolgenseite der entsprechenden Normen, also ganz im Sinne der Gutachtentechnik. Man vergleicht, ob die Rechtsfolgenseite möglicher Anspruchsgrundlagen mit dem Begehren der zu prüfenden Personen übereinstimmt. Anspruchsnormen, die dem Begehren des Anspruchstellers augenscheinlich nicht entsprechen, sind im Gutachten nicht anzuprüfen. Um aber eine Anspruchsnorm in die Prüfung mit einzubeziehen, muss neben einer Übereinstimmung von Begehren des Anspruchstellers und Rechtsfolge im weiteren Sinne zudem der Tatbestand der jeweiligen Norm möglicherweise erfüllt sein. Wenn etwa der Tatbestand einer Anspruchsnorm schon offensichtlich ausgeschlossen ist, eventuell aber die Rechtsfolgenseite zu einem Anspruchsteller passt, ist auf die Prüfung dieser Norm grundsätzlich zu verzichten.

Achten Sie genau auf die richtigen Fragen und ihre passenden Antworten. Unterläuft Ihnen hier ein Fehler, wird sich das durch Ihre gesamte Bearbeitung ziehen. Auch an dieser Stelle kann eine kurze Skizze hilfreich sein, damit Sie eine bessere Übersicht Ihrer Arbeitsschritte haben.

Übersicht 7: Zivilrechtliche Begehren

Unter Zuhilfenahme von Leitsatz 7 bedeutete dies für das Begehren des V hinsichtlich der Wiedererlangung des Laptops in **Fall 7**:

Wer?	Will was?	Von wem?	Woraus?
V	Laptop zurück	L	I. § 604 BGB II. § 985 BGB III. Weitere Ansprüche auf Wiedereinräumung des Besitzes

Lektion 10: Aufbauhilfen

In einem Gutachten sind regelmäßig viele verschiedene Ansprüche zu untersuchen. Es müssen immer alle möglichen und aus Sicht der zu prüfenden Person sinnvollen Ansprüche erschöpfend geprüft werden, dabei kann es auch vorkommen, dass ein Beteiligter sein Begehren durch verschiedene Ansprüche befriedigen kann. So kann sich bspw. der Anspruch des Eigentümers auf Wiedereinräumung des unmittelbaren Besitzes einerseits aus dem Herausgabeanspruch des § 985 BGB ergeben, wenngleich die weiteren mögliche Anspruchgrundlagen der §§ 1007, 861, 812 und 823 BGB eventuell das gleiche Ergebnis bringen mögen. In einem solchen Fall müssen selbstverständlich alle Anspruchsgrundlagen komplett durchgeprüft werden, man schreibt ja ein Gutachten und hat also alle möglichen Lösungswege zu begehen. Es herrscht im Zivilrecht grundsätzlich Anspruchskonkurrenz. Es gibt jedoch eine Prüfungsreihenfolge der einzelnen Anspruchsgrundlagen, die im Aufbau eines zivilrechtlichen Gutachtens aus Gründen der Zweckmäßigkeit einzuhalten ist:

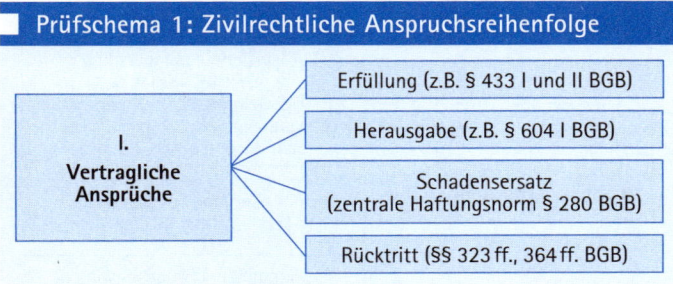

Prüfschema 1: Zivilrechtliche Anspruchsreihenfolge

I. Vertragliche Ansprüche

- Erfüllung (z.B. § 433 I und II BGB)
- Herausgabe (z.B. § 604 I BGB)
- Schadensersatz (zentrale Haftungsnorm § 280 BGB)
- Rücktritt (§§ 323 ff., 364 ff. BGB)

Ansprüche aus Vertrag bilden die wichtigste Gruppe zivilrechtlicher Anspruchsgrundlagen und sind grundsätzlich zuerst zu prüfen. Ein Vertrag kann z.B. eine Berechtigung i.S.d. §§ 677 ff. BGB sein oder eine Leistung begründen und somit den Anspruch aus ungerechtfertigter Bereicherung oder GoA ausschließen.

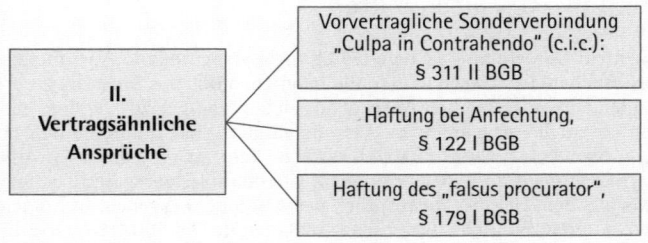

Werden im Rahmen der „c.i.c." Pflichten aus § 241 II BGB verletzt, kann daraus ein Anspruch auf Grundlage von § 280 I BGB folgen. Das von § 280 I BGB geforderte Schuldverhältnis entsteht dann nach § 311 II oder III BGB. Anspruchsgrundlage ist in diesen Fällen immer § 280 I BGB und nicht etwa das vorvertragliche Schuldverhältnis selbst!

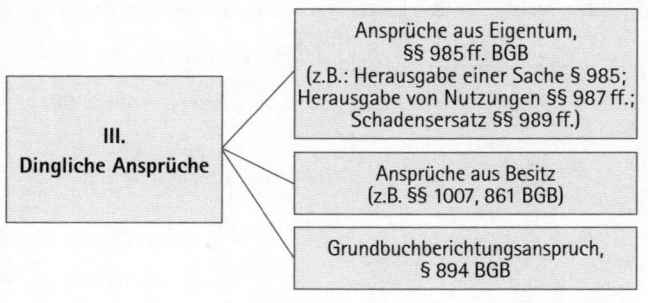

Ansprüche aus §§ 823 ff. BGB und §§ 812 ff. BGB sind in der Regel bei vorliegen eines Eigentümer-Besitzer-Verhältnisses (EBV) wegen Sperrwirkung des § 993 I HS 2 BGB („im Übrigen ...") ausgeschlossen. Die §§ 987 ff. BGB enthalten eine abschließende Sonderregelung bestimmter Ansprüche zwischen Eigentümer und Besitzer.

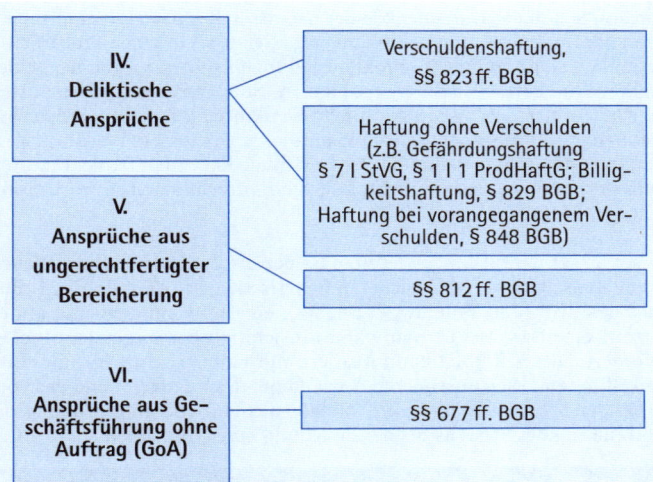

Die Prüfungsreihenfolge ist insbesondere hinsichtlich der GoA variabel. So ist die GoA grundsätzlich nach Ansprüchen aus EBV zu prüfen (Vorrang des § 994 II BGB), die GoA kann jedoch auch als gesetzliches Schuldverhältnis unter Prüfungspunkt II. geprüft werden. Sie kann z.B. einen Rechtsgrund i.S.d. §§ 812 ff. BGB darstellen oder eine Besitzberechtigung i.S.d. § 986 BGB bedeuten (vgl. auch schon beim Vertrag unter I.). Achtung! Insofern ist die die GoA je nach Fallkonstellation eventuell nicht als letzter Punkt in der Anspruchsreihenfolge zu prüfen.

Hat man die Informationen des Sachverhalts und seine eigenen Gedanken geordnet und im Rahmen dieses Schemas eingeordnet, ist ein wichtiger Schritt getan, die Grundstruktur ist in diesem Moment entstanden.

Sodann ist jede im Gutachten zu prüfende Anspruchsgruppe im Sinne des nun nachfolgenden Schemas abzuarbeiten. Es ist zudem ratsam, die Prüfungspunkte als Überschriften im Gutachten zu verwenden. Dies ordnet das Gutachten in übersichtlicher Weise und hat – wie oft schon angemerkt – den Vorteil, dass die Bearbeitung durch die gleichzeitige Gedanken- und Vollständigkeitskontrolle lückenlos und strukturiert ausfällt. Schon das Durchdenken des Sachverhaltes nach diesem Schema kann der Durchdringung der in ihm enthaltenen rechtlichen Problematik zuträglich sein. Zivilrechte Problemstellungen sollten wegen der schier unüberschaubaren Masse an Problemen, Sonderregeln und Instituten im Zivilrecht möglichst in geordnete Strukturen gebracht werden, um nicht vor der Unübersichtlichkeit kapitulieren zu müssen. Wurde die Anwendung dieser Schemata und der zu Grunde liegenden Denkstrukturen routiniert und erst verinnerlicht, fällt die zivilrechtliche Fallbearbeitung sehr viel leichter.

Es sei ferner darauf hingewiesen, dass der Erfolg eines zivilrechtlichen Gutachtens stark von dem sicheren Beherrschen des AT Teils, des 1. Buches des BGB (und Teile des 2. Buches), einerseits abhängt und andererseits einen großen Lernaufwand hinsichtlich der folgenden Bücher erfordert. Dieses Kapitel kann insofern nur eine strukturelle Anleitung und Hilfe sein. Die konsequente Anwendung des folgenden und des vorstehenden Schemas ist in diesem Rahmen methodische Unterstützung zur Anwendung des Wissens bei der Erstellung eines Gutachtens.

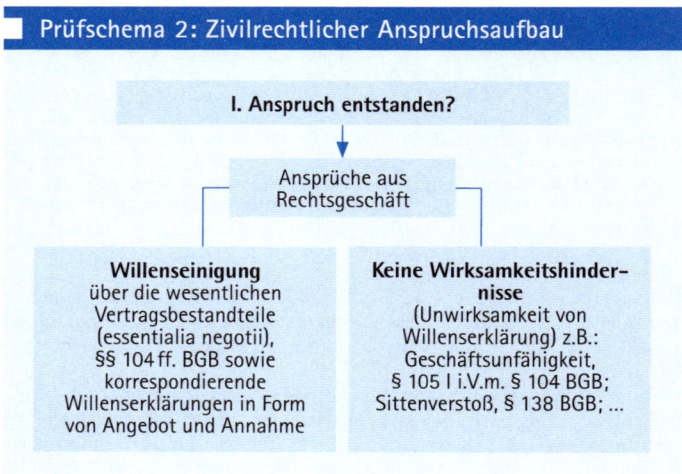

Prüfschema 2: Zivilrechtlicher Anspruchsaufbau

I. Anspruch entstanden?

Ansprüche aus Rechtsgeschäft

Willenseinigung
über die wesentlichen Vertragsbestandteile (essentialia negotii), §§ 104 ff. BGB sowie korrespondierende Willenserklärungen in Form von Angebot und Annahme

Keine Wirksamkeitshindernisse
(Unwirksamkeit von Willenserklärung) z.B.: Geschäftsunfähigkeit, § 105 I i.V.m. § 104 BGB; Sittenverstoß, § 138 BGB; ...

Ansprüche aus Gesetz

Voraussetzung für rechtsgeschäftliche Ansprüche ist die wirksame Einigung und das Nichtbestehen von Nichtigkeitsgründen (rechtshindernde Einwendungen). Erforderlich für einen gesetzlichen Anspruch ist dagegen, dass der gesetzliche Tatbestand erfüllt ist (z.B. § 812 BGB: Merkmale „etwas erlangt", „durch Leistung" und „ohne Rechtsgrund" erfüllt?). Ein gesetzlicher Anspruch entsteht – dem Namen nach – per Gesetz, so dass willensbezogene Tatsachen irrelevant sind.

II. Anspruch nicht untergegangen?

Ein Anspruch ist untergegangen, wenn ein **Erlöschensgrund** vorliegt, er **inhaltlich verändert** ist oder er **auf einen anderen übergegangen ist** (rechtsvernichtende Einwendungen).

Erlöschensgründe finden sich bspw. in §§ 362 I, 364 I BGB (Erfüllung bzw. Leistung an Erfüllungs statt); §§ 387 ff. BGB (Aufrechnung); §§ 346 ff. BGB (Rücktritt); §§ 275, 326 BGB (Unmöglichkeit). Ein Anspruch ist inhaltlich verändert und damit untergegangen: Minderung (z.B.: §§ 437 Nr. 2, 441 BGB), Störung der Geschäftsgrundlage (§ 313 BGB).

Ein Anspruch geht unter, wenn er gem. § 398 BGB wirksam abgetreten wurde oder wenn der Gläubigerwechsel per Gesetz (cessio legis) von statten ging. Das gleiche gilt für die Schuldübernahme gem §§ 414 ff. BGB.

III. Anspruch durchsetzbar?

Ein Anspruch ist nicht durchsetzbar, wenn eine die Durchsetzbarkeit hemmende **Einrede** des Anspruchgegners besteht. Als Voraussetzung der Wirkung einer Einrede muss die jeweilige Einrede, im Gegensatz zur Einwendung, **ausdrücklich oder konkludent erhoben werden**.

Bei den möglichen Einreden im Prüfungspunkt „Durchsetzbarkeit" unterscheiden sich verschiedene Arten von Einreden: Peremptorische Einrede (Durchsetzen des Anspruchs endgültig ausgeschlossen), z.B. Verjährung, § 214 I BGB; Einrede der Mangelhaftigkeit § 438 IV BGB. Dilatorische Einrede (Durchsetzen des Anspruchs vorübergehend ausgeschlossen), z.B. Einrede des nichterfüllten Vertrages, § 320 BGB; Zurückbehaltungsrecht, § 273 BGB.

Einrede des rechtsmissbräuchlichen oder widersprüchlichen Verhaltens, § 242 BGB (Aus dem Grundsatz von Treu und Glauben folgt, dass ein an sich bestehendes Recht nicht ausgeübt werden darf.)

Lösung von Fall 5:

A. Anspruch des K gem. § 433 I BGB

I. Anspruch entstanden?

K könnte einen Anspruch gegen V auf Lieferung eines Telefons der Marke „Mobilruf" gem. § 433 I BGB haben. Ein Kaufvertrag als Voraussetzung für einen solchen Anspruch ist zwischen V und K wirksam geschlossen worden. Ein Anspruch des K gem. § 433 I BGB gegen V ist entstanden.

Anmerkung: In einer Klausur ist es angebracht und üblich, nach der ersten Benutzung eines Paragraphen, diesen mit einer Markierung zu versehen und darauf hinzuweisen, dass alle folgenden Paragraphen dem gleichen Gesetz entstammen. („Alle folgenden Paragraphen sind solche des BGB, wenn nicht anders gekennzeichnet"). Das erspart eine nicht zu unterschätzende Menge an Zeit.

II. Anspruch nicht untergegangen?

Der Anspruch des K ist auch nicht durch Erfüllung gem. § 362 I BGB untergegangen, K hat weder Eigentum noch Besitz erlangt. Der Anspruch könnte jedoch wegen Unmöglichkeit gem. § 275 I BGB ausgeschlossen sein. Dann müsste V die Leistung unmöglich sein.

1. Leistung unmöglich

Ob hier eine Unmöglichkeit vorliegt, richtet sich nach der Art der Leistung mit Blick auf den Leistungsgegenstand. V schuldete K gem. § 433 I BGB die Übergabe und Übereignung eines Mobiltelefons der Marke „Mobilruf". Bei einem solchen Mobiltelefon, das ein Händler zu beschaffen hat, handelt es sich um eine Gattungsschuld i.S.d. § 243 I BGB. Der Händler schuldet gem. § 243 I BGB ein Telefon aus dieser Gattung von mittlerer Art und Güte. Eine solche Leistung ist V nicht unmöglich geworden, das Beschaffungsrisiko i.S.d. § 276 I 1 BGB trägt bei einer Gattungsschuld der Schuldner.

Anmerkung: Danach müsste V – wenn er kein Telefon der gewünschten Marke mehr vorrätig hat aber die Gattung aus der zu leisten war, nicht vertragsmäßig auf den Vorrat des Schuldners beschränkt war – auch versuchen, ein solches Telefon zu beschaffen, um seine Leistungsfähigkeit wiederherzustellen. Eine Verweigerung der Beschaffung ist dann nur noch (aber dann unter Berücksichtigung des Vertretenmüssens von V) nach § 275 II BGB möglich.

2. Konkretisierung, § 243 II BGB

Jedoch könnte die Leistungspflicht des V ausgeschlossen sein, wenn sich die ursprüngliche Gattungsschuld gem. § 243 II BGB bereits auf das zur Post gegebene Mobiltelefon konkretisiert hat. Dazu müsste V bereits zu diesem Zeitpunkt seine nach § 433 I BGB erforderliche Erfüllungshandlung erbracht haben. Dann wäre die Leistungspflicht nur noch auf das konkrete Telefon bezogen und somit gem. § 275 I BGB untergegangen. Welche Erfüllungshandlung notwendig ist, damit der Schuldner das Erforderliche getan hat, begründet sich nach der Parteivereinbarung (also dem Kaufvertrag). Was zur der konkretisierenden Leistungshandlung notwendig ist, begründet sich danach, welche Art der Schuld zwischen V und K vereinbart worden ist.

Hier sollte V das Telefon auf Kosten des K an ihn versenden, so dass eine Schickschuld vereinbart wurde. Bei der Schickschuld ist die erforderliche Leistungshandlung die Übergabe der Kaufsache an eine sorgfältig ausgewählte Versandperson. V hat also im Moment der Übergabe des Telefons an die Post das betreffende Telefon im Rahmen der Schickschuld gem. § 243 II BGB konkretisiert. Die Leistungspflicht des V war somit nur noch auf dieses konkrete Telefon bezogen und wurde ihm unmöglich i.S.d. § 275 I BGB. Der Anspruch des K aus § 433 I BGB ist folglich ausgeschlossen.

K hat keinen Anspruch gem. § 433 I BGB gegenüber V, er verlangt die Lieferung zu Unrecht.

B. Anspruch des V gem. § 433 II BGB

I. Anspruch entstanden?

V und K haben sich darauf geeinigt, dass K von V ein Telefon der Gattung „Mobilruf" für 300 € kauft und somit auch die wesentlichen Vertragsbestandteile eines Gattungskaufs mit in die Vereinbarung aufgenommen.

Die Einigung ist wirksam, der Anspruch aus § 433 II BGB ist entstanden.

II. Anspruch nicht untergegangen?

Ein Untergang durch Erfüllung gem. §§ 362 ff. BGB ist nicht eingetreten. Der Kaufpreiszahlungsanspruch könnte jedoch wegen Unmöglichkeit der Leistung gem. § 326 I 1 HS. 1 BGB untergegangen sein. Der dafür nötige gegenseitige Vertrag liegt in dem Kaufvertrag zwischen V und K vor, auch ist V gem. § 275 I BGB von der Leistungspflicht befreit. Gem § 326 I 1 HS. 1 BGB entfällt dann auch der Anspruch auf Zahlung des Kaufpreises aus § 433 II BGB.

Anmerkung: Die Ansprüche von V und K stehen im Synallagma (Gegenseitigkeitsverhältnis zweier Leistungen), so dass gem. § 326 BGB grundsätzlich der Anspruch auf Gegenleistung untergeht, wenn die Leistung nicht (mehr) möglich ist.

Eine andere Wertung greift jedoch ein, wenn die Preisgefahr („Gegenleistungsgefahr") auf K verlagert ist, so dass K zur Erbringung der Gegenleistung verpflichtet bleibt.

1. Verlagerung der Preisgefahr gem. § 326 II BGB

Die Preisgefahr wäre auf K übergegangen, wenn er die zur Unmöglichkeit führenden Umstände allein oder weit überwiegend zu vertreten hätte, § 326 II 1 BGB. Für ein Verschulden des K gibt es jedoch keine Anhaltspunkte im Sachverhalt. Etwaiges Verschulden der Post dem K zuzurechnen käme nur bei einer Holschuld in Betracht. Auch befand sich K nicht im Gläubigerannahmeverzug gem. § 326 II 1 BGB. Ein Übergang der Preisgefahr nach dieser Vorschrift ist somit ausgeschlossen.

2. Verlagerung der Preisgefahr gem. § 447 BGB

Voraussetzungen des § 447 BGB sind zunächst die Versendung an einen anderen Ort als den Erfüllungsort, die Versendung muss auf Verlangen des Käufers erfolgt sein und die Übergabe an die Transportperson. Bei der Schickschuld ist der Erfüllungsort als der Leistungsort (§ 269 BGB) anzusehen. Der Erfüllungsort liegt bei der Schickschuld beim Schuldner. Hier hat V die Kaufsache an K versandt, so dass die erste Voraussetzung des § 447 BGB hier erfüllt ist. Zudem erfolgte die Versendung auch auf Verlangen des K. V hat auch die Kaufsache an die Transportperson, die Post, übergeben. Bedient sich der Schuldner einer schuldnerfremden Transportperson, so wird diese jedoch nicht als Erfüllungsgehilfe gem. § 278 BGB tätig. Der Transport ist nicht geschuldet sondern vereinbart, so dass die Transportperson demnach nicht „zur Erfüllung einer Verbindlichkeit" i.S.d. § 278 BGB tätig wird. Danach könnte bei Verschulden der Post V eigentlich trotzdem den Kaufpreis wegen § 447 BGB verlangen. Die Anwendbarkeit des § 447 BGB könnte hier jedoch gem. § 474 II BGB ausgeschlossen sein, wenn es sich vorliegend zwischen V und K um einen Verbrauchsgüterkauf handelt.

3. Vorliegen eines Verbrauchgüterkaufs, §§ 474 ff. BGB

Für die Einschlägigkeit der §§ 474 ff. BGB müsste es sich bei dem Kaufvertrag zwischen V und K um einen Verbrauchsgüterkaufvertrag gem. § 474 I BGB handeln. Dazu müsste V Unternehmer i.S.d. § 14 BGB sein, also beim Verkauf an K in Ausübung seiner gewerblichen oder beruflichen Tätigkeit gehandelt haben. Bei V handelt es sich vorliegend um einen Elektronikhändler, so dass der § 14 BGB in seiner Person erfüllt ist. K ist darüber hinaus Verbraucher i.S.d. § 13 BGB. Es liegt also ein Verbrauchsgüterkauf zwischen K und V vor, so dass die Anwendung des § 447 BGB ausgeschlossen ist.

Der Gefahrübergang in dem vorliegenden Fall richtet sich somit nicht nach § 447 BGB sondern nach § 446 BGB. Danach tritt der Gefahrübergang mit Übergabe, also mit Erlangen des unmittelbaren Besitzes durch den Käufer i.S.d. § 854 BGB ein. Die Übergabe hat vorliegend nicht stattgefunden.

Ein Anspruch des V auf Zahlung des Kaufpreises ist somit ausgeschlossen.

C. Ergebnis

K hat keinen Anspruch auf Lieferung eines neuen Telefons. V hat keinen Anspruch auf Zahlung des Kaufpreises.

IV.   Die strafrechtliche Fallklausur

Lektion 11: Das strafrechtliche Gutachten

Der Aufbau eines strafrechtlichen Gutachtens unterscheidet sich von einem zivilrechtlichen oder öffentlich-rechtlichen in einigen Bereichen. Vor allem ist es im Strafrecht äußerst wichtig, das Gutachten nach einer präzisen, strafrechtseigenen Denkstruktur aufzubauen. Denn das Prinzip der strafrechtlichen Fallbearbeitung richtet sich nach bestimmten Aufbaumustern, die letztendlich nichts anderes als typisierte Denkmodelle wiedergeben. Hat man sich erst an die Anwendung und die Strukturen gewöhnt, steht dem übersichtlichen und gelungenen Aufbau eines strafrechtlichen Gutachtens nichts mehr im Wege. Hilfreich ist natürlich das entsprechende Materielle Grundwissen. Hier wird auf die Lehrbücher, zum Einstieg z.B. auf Strafrecht – *leicht gemacht*®, verwiesen

Der Beginn einer Fallklausur im Strafrecht richtet sich nach bekannten Mustern. So ist, wie in den übrigen Rechtsgebieten auch, das vollständige und richtige Erfassen des Sachverhalts von essentieller Bedeutung für eine erfolgreiche Bearbeitung. Dazu zählen auch die aufmerksame Beachtung der Fallfrage und vor allem anschließend ein auf sie präzise bezogenes Gutachten. Insbesondere im Strafrecht lässt sich verstärkt eine erhöhte Neigung zu autonomen Sachverhaltsverbiegungen und -verdrehungen der Bearbeiter beobachten. Die Aufgabenstellung wird dabei mitunter stark entstellt und manchmal sogar komplett ignoriert. Dabei sei an dieser Stelle noch einmal ausdrücklich darauf hingewiesen, dass das Einbringen eigener Einschätzungen, individueller Erfahrungen oder Einzelschicksale in eine Fallbearbeitung völlig fehl am Platze ist. Auch Eindrücke über die fragwürdige und teils auch vollständig verloren gegangene Lebensnähe eines Sachverhalts darf vom Bearbeiter in keiner Weise kundgetan werden. Bevor vermeintlich unklare Passagen mit persönlichen Erfahrungswerten und der sogenannten „lebensnahen Auslegung" konkretisiert und von der vom Klausursteller beabsichtigten Rechtsproblematik entfremdet werden, sollte der Sachverhalt auch gegebenenfalls noch mehrmals gelesen werden. Vor allem sollte man sein Problembewusstsein darauf schulen, den jeweiligen Informationen des Sachverhalts die richtige und vor allem vom Klausursteller gewünschte rechtliche Problematik zuzuordnen. Das bewahrt vor übereilten Annahmen von Lücken oder Unklarheiten.

> Der Sachverhalt ist unantastbar. Autonome Interpretationen und subjektive Empfindungen gehören nicht in ein Gutachten.

Gerade in einer strafrechtlichen Übungsarbeit ist es von ungeheurer Wichtigkeit, sich strikt den Tatsachenvorgaben hinsichtlich aller äußeren vor allem aber auch aller inneren Vorgänge zu **unterwerfen**. Alles andere führt zu Ergebnissen, die vielfach weit neben einer sinnvollen Bearbeitung der vorgegebenen Aufgabenstellung liegen.

Der Sachverhalt ist immer wörtlich und jede darin enthaltene Information genau so zu nehmen, wie sie mitgeteilt wird. In sehr seltenen Ausnahmefällen mag ein Sachverhalt einer Auslegung durch den Bearbeiter bedürfen. Ein Indiz kann eine dadurch möglicherweise entstehende Alternativlösung in einem konkreten Fall, aber auf minimal veränderter Tatsachengrundlage, sein. In einem solchen Fall ist höchste Aufmerksamkeit geboten. Zu leicht verstrickt sich sonst eine Bearbeitung in Ergänzungen und Abweichungen.

Es kann hin und wieder vorkommen, dass der Sachverhalt **bewusst** unklar gehalten ist, eine genaue Klärung der Passage also ausgeschlossen ist. In einem solchen Fall muss die Lösung dementsprechend ausfallen, es muss der Grundsatz „in dubio pro reo" angewendet werden oder eine Form der Wahlfeststellung.

Fall 8

A fährt auf der Landstraße vorschriftsmäßig mit seinem LKW. Als er einen Radfahrer mit einem Sicherheitsabstand von 75 cm überholt, kommt es zu einem Unfall, bei dem der Radfahrer unter die Hinterreifen gerät. Der Radfahrer ist sofort tot. Später wird bei ihm eine BAK von 1,96 Promille festgestellt.

Die Rechtsprechung hat in diesem Fall von einer Bestrafung des A wegen fahrlässiger Tötung abgesehen. Es konnte nicht nachgewiesen werden, dass der Radfahrer auch bei rechtmäßigem Alternativverhalten des A nicht getötet worden wäre. Wegen Unsicherheit über den Ursachenzusammenhang von Handlung und Erfolg, konnte dieser (in dubio pro reo) nicht bejaht werden. (vgl. BGHSt 11,1)

Achtung: Die BAK spielt bei der Schuldfähigkeit eine gewichtige Rolle. Ist diese für den Tatzeitpunkt nicht eindeutig nachzuweisen, ist zugunsten des Täters die höchstmögliche BAK anzunehmen. Eine Bestrafung ohne Minderung der Schuldfähigkeit ist später nur möglich, wenn aus verschiedenen Gründen ein Gericht zu der Überzeugung gelangt, die BAK habe keinen Einfluss auf die Schuldfähigkeit des Täters gehabt. Hier ist Aufmerksamkeit geboten. Der Satz „in dubio pro reo" ist immer den Umständen nach so anzuwenden, dass das bestmögliche Ergebnis für den Angeklagten erreicht wird.

Der Sachverhalt muss eingehend geprüft und mehrmals komplett durchgearbeitet werden. Es erfolgt zunächst eine grobe Ordnung in Bestandteile, die je nach inhaltlichem und rechtlichem Zusammenhang gebildet werden, in sogenannte Handlungskomplexe (auch „Tatkomplexe" genannt, doch sollte dem Terminus „Handlungskomplex" der Vorzug gegeben werden, da dieser unspezieller ist und schon begrifflich auch rechtlich neutrales oder erlaubtes Handeln – welches aber trotzdem strafrechtlich geprüft wird - mit einbezieht). Die für die Einteilung in Handlungskomplexe nötigen Zäsuren sind dann zu machen, wenn ein ganz neuer Handlungsablauf beginnt. Handlungen dürfen nicht – bzw. wenn es sich um juristische Handlungseinheiten handelt – sollten nicht geteilt werden. Juristische Handlungseinheiten kennzeichnen sich durch tatbestandliche Einheiten, wie z.B. Dauerdelikte oder mehraktige Delikte respektive natürliche Handlungseinheiten. Den einzelnen Handlungskomplexen werden im Gutachten Namen zugewiesen, wobei niemals Namen benutzt werden sollten, die schon rechtliche Wertungen enthalten. Ungünstig wäre es, einen Handlungskomplex „Tötung des O" zu nennen, besser wäre „Tod des O" aber am sinnvollsten ein unabhängiger Name wie „Geschehen hinter der Kneipe". In jedem Handlungskomplex müssen nunmehr der zeitliche Ablauf, Beteiligungen und etwaige Tatbestandsüberlagerungen bestimmt werden. (Es kann durchaus vorkommen, dass ein Sachverhalt nur aus einem Handlungskomplex besteht. Es ist nicht ratsam einen solchen Sachverhalt weiter zu teilen, wenn es weder rechtlich noch inhaltlich Anlass gibt). Die Prüfungsreihenfolge der Handlungskomplexe ist grundsätzlich chronologisch nach dem Sachverhaltsaufbau.

Wenn diese ersten Schritte getan sind, setzt die strafrechtliche Würdigung des Sachverhalts ein. Dabei geht es zuerst darum, im Sachverhalt – chronologisch, nach den einzelnen Handlungskomplexen differenziert – strafrechtlich relevante Informationen und Abläufe aufzuspüren und sie mit entsprechenden in Frage kommenden Delikten zu verknüpfen und zu notieren. Auch das Anlegen eines Zeitstrahls kann sehr hilfreich sein, um sich die genaue zeitliche Abfolge zu verdeutlichen, z.B. um etwaige Anschlusstaten rechtlich zu verdeutlichen und Anknüpfungspunkte zu veranschaulichen.

Fall 9

A ist in Geldsorgen und plant einige Schmuckstücke in der Juwelier-abteilung eines Kaufhauses „mitgehen" zu lassen. In einem vermeintlich unbeobachteten Moment greift er in eine Vitrine und steckt einen Ring in seine Jacke. Kurz darauf beobachtet er, wie eine Angestellte ein teu-res Diamantkollier zu Vorführungszwecken locker mit einer Hand einer Kundin präsentiert. A greift ungestüm zu und entreißt der verdutzten Angestellten das Kollier, das er zu dem Ring in die Jacke steckt. A sucht behände das Weite, wird jedoch beim Verlassen des Kaufhauses vom La-dendetektiv D aufgehalten, der das Treiben des A beobachtet hat. A weiß sich nur durch einen beherzten Schlag in das Gesicht des D zu wehren und kann daher entkommen, obwohl ihm D kurz darauf nachsetzt. A aber betritt schnell den Krämerladen seines Freundes B, der die Situation sofort durchblickt und A in einem Geheimraum hinter der Ladentheke versteckt. Daraufhin verliert D die Spur des A und läuft in der Fußgänger-zone vor dem Krämerladen orientierungslos umher. A überwindet kurz darauf durch eine Hintertür die wachsamen Augen des D und gelangt sicher nach Hause. Dort trifft er sich mit H, einem dubiosen Händler, der sich bereiterklärt, das Kollier und den Ring von A anzukaufen. H hofft, beides gewinnbringend weiterzuverkaufen.

Strafbarkeit von A, S, B und H? (Strafvereitelung gem. § 258 StGB ist nicht zu prüfen.) Strafanträge sind gestellt.

Auf der folgenden Übersicht können Sie gut sehen, dass der Komplex der Delikte, die mit Diebstahl bzw. Raub in Verbindung stehen, relativ kompliziert ist. Sie müssen sich genau verdeutlichen, zu welchem Zeit-punkt welche Handlung vom Täter vorgenommen wurde und teilweise auch noch die Willensrichtung des Täters einbeziehen. Die rechtlichen Wertungen sind in diesem Deliktsbereich eine Gratwanderung, die Sie bei geeigneter Veranschaulichung mit Sicherheit überzeugend meistern können.

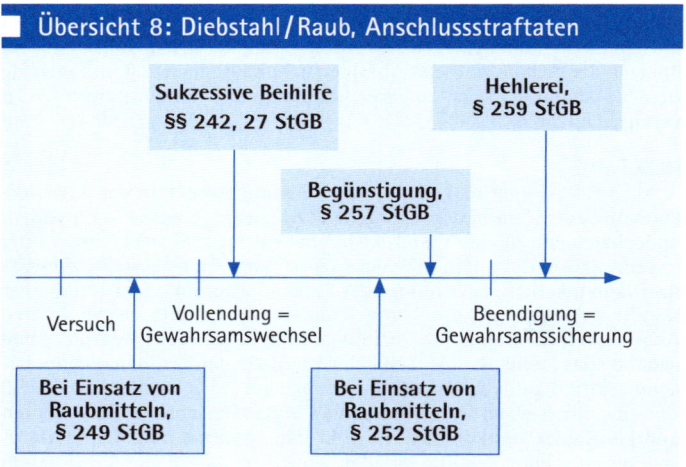

Übersicht 8: Diebstahl / Raub, Anschlussstraftaten

Zusätzlich sollte an dieser Stelle jedes Delikt auf seine Verwirklichungsstufe untersucht, etwaige Beteiligungen festgestellt und die Handlungsqualität nach Tun oder Unterlassen differenziert sowie den handelnden Personen zugeordnet werden. Auch die inneren Abläufe einschließlich der Abgrenzung von Vorsatz und Fahrlässigkeit lassen sich hier bereits herausarbeiten. Schließlich bleibt noch, Sachverhaltsinformationen bezüglich etwaiger Rechtfertigungsgründe oder Schuldelemente ausfindig zu machen. Bestenfalls ist dieser Arbeitsabschnitt so vollständig wie möglich. Alle Ideen sollte man notieren und oft sind die ersten Ideen besser als man glauben mag. Dabei sollte stets im Hinterkopf bleiben, dass im Zweifel keine der im Sachverhalt enthaltenen Informationen grundlos gegeben werden und dass das fertige Gutachten vollständig mit dem Sachverhalt und all seinen Informationen korrespondieren sollte.

Vor der folgenden Anfertigung einer Gliederung sollte man sich verschiedene strafrechtsspezifische Eigenschaften eines Gutachtens vor Augen führen. Es gibt nämlich bestimmte Grundsätze, die hinsichtlich der Zweckmäßigkeit eingehalten werden sollten und bestimmte Regeln, die eingehalten werden müssen:

Zwingend gilt im Strafrecht ein **striktes Verbot der Analogie zu Ungunsten des Täters**. Nach dem Bestimmtheitsgebot, das im Strafrecht herrscht, müssen die einzelnen Normen so eng wie möglich umschreiben, was strafbares Verhalten sein soll (nulla poena sine lege certa). Das Gesetz soll dem Bürger klar beschreiben, was verboten ist, damit er sich dementsprechend verhalten kann. Eine Analogie zu Ungunsten eines Täters wäre eine klare Durchbrechung des Gesetzlichkeitsprinzips und ist somit unzulässig (nulla poena sine lege scripta et stricta). Daneben gelten noch einige Faustformeln. Im Prüfungsaufbau wird **grundsätzlich** Täter vor Teilnehmer geprüft. Es wird immer ein Versuch geprüft, wenn die Vollendung einer Straftat verneint wurde. Die Anschlusstat wird immer nach der Vortat geprüft.

Für die Zweckmäßigkeit gilt folgendes: Die Prüfung ist auf die Personen der Fallfrage zu begrenzen. Ist in der Fallfrage allgemein nach der Strafbarkeit der Beteiligten gefragt, werden keine Verstorbenen oder Unbekannte geprüft. Wichtig ist weiter, sich klarzumachen, ob der Sachverhalt in die erwähnten Handlungskomplexe eingeteilt werden kann. Dies ist als erstes zu erforschen, um eine geeignete Prüfungsreihenfolge zu finden. In Frage kommt hier ein historischer Aufbau, der sich an der chronologischen Reihenfolge des Sachverhalts orientiert. Daneben existiert noch die Möglichkeit mit dem deliktischen Schwerpunkt zu beginnen.

In der Prüfungsreihenfolge innerhalb der Handlungskomplexe, wird der Tatnächste **immer** zuerst geprüft, denn aufbauend auf diese Prüfung lassen sich Tatbeteiligungen sehr klar und einfach darstellen. Bei nacheinander verwirklichten Delikten in einem Handlungskomplex ist die historische Reihenfolge einzuhalten. Die Anwendung dieser Methode vermeidet **Inzidenterprüfungen** und vor allem hangelt sich der Bearbeiter auf diese Weise nah am Sachverhalt entlang, so dass kaum etwas vergessen oder übersehen werden kann. Ist der Sachverhalt von wechselnden Rollen der beteiligten Personen geprägt, ist nach o.g. Prinzip „Täter vor Teilnehmer" zu verfahren.

Sollten sich aber die entscheidenden und schwerwiegenden rechtlichen Probleme an bestimmten Stellen im Sachverhalt sammeln oder erst relativ spät im zeitlichen Ablauf auftreten und offenbaren, kann es **zweckmäßig** sein mit dem deliktischen Schwerpunkt zu beginnen. Ein untrügliches Indiz hierfür ist, dass die späteren Delikte die früheren an Schwere deutlich überwiegen.

Beispiel: T will O töten. T verschafft sich mit einer Brechstange Zutritt zu der Wohnung des O und erschießt ihn. Hier ist zunächst das Tötungsdelikt zu prüfen (§ 212 oder § 211 StGB) und erst später die eventuelle Strafbarkeit des T wegen Sachbeschädigung (§ 303 StGB) und Hausfriedensbruch (§ 123 StGB) zu erörtern.

Es ist auch möglich, dass mehrere Delikte gleichzeitig verwirklicht werden. In diesem Fall ist immer mit dem Delikt zu beginnen, das andere auf der Konkurrenzebene verdrängt. So spart man einerseits viel Arbeit und andererseits sind solche Ausführungen zu sowieso nicht einschlägigen Tatbeständen überflüssig und damit falsch. So ist beispielsweise § 249 StGB immer vor § 242 StGB und § 240 StGB zu prüfen (was sich schon aus der Zusammensetzung des § 249 StGB erschließt).

Liegen Qualifizierungen (z.B. § 224 StGB) und Privilegierungen vor, sollte mit diesen begonnen werden, wenn sie bejaht werden. Werden sie verneint, ist mit dem Grundtatbestand (bei § 224 StGB also mit § 223 StGB) zu beginnen. Dies gilt entsprechend wenn schon der Grundtatbestand verneint wird. Die Prüfung einer Qualifikation bei Nichtvorliegen des Grundtatbestandes wäre überflüssig und falsch und würde den gesteigerten Unmut jeden Korrektors bedeuten. Eine Besonderheit mag für die Regelbeispiele (z.B. § 243 StGB) gelten. Hierbei handelt es sich eigentlich um Strafzumessungsregeln, die der Sache nach nicht Teil einer Fallprüfung sind. Sie werden jedoch wegen ihrer tatbestandsähnlichen Qualität wie ein Delikt geprüft. Zweckmäßig ist es, sie an die Prüfung des Grundtatbestandes als eigenen Gliederungspunkt anzuhängen. Zu beachten ist aber unbedingt, dass die etwaige Anwendung von beispielsweise § 16 I StGB (oder auch § 28 II StGB z.B. bei dem Nichtvorliegen des persönlichen Merkmals „gewerbsmäßig" aus § 243 I 2 Nr.3 StGB beim Teilnehmer) auf Grund der lediglich tatbestandsähnlichen Beschaffenheit der Regelbeispiele nur analog möglich ist.

 Zur Erinnerung: Inhalt eines Gutachtens ist nur, was von der Fallfrage gefordert wird!

Lektion 12: Aufbauhinweise

In der strafrechtlichen Lehre haben sich ausgehend von dem Begriff der Straftat verschiedenste Ansätze und Aufbaumodelle entwickelt. Der nun zu behandelnde Teil befasst sich ausschließlich mit dem Aufbau einer strafrechtlichen Fallbearbeitung, wie er von Studenten während des Studiums gefordert wird. Ausgangspunkt dieses Aufbaus ist der dreigliedrige Straftatbegriff. Dabei ist das unten dargestellte Aufbauschema grundsätzlich einzuhalten. Lediglich innerhalb der einzelnen Prüfungspunkte sind spezifische Reihenfolgen abhängig von Delikt, Verwirklichungsstufe, Begehungsart und Beteiligungsform einzuhalten.

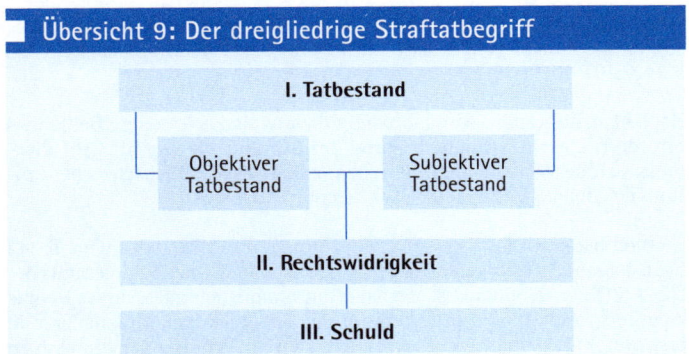

Übersicht 9: Der dreigliedrige Straftatbegriff

I. Tatbestand

Objektiver Tatbestand

Subjektiver Tatbestand

II. Rechtswidrigkeit

III. Schuld

1. Der Tatbestand

Die Prüfung eines Delikts im Strafrecht beginnt mit der Subsumtion der objektiven und subjektiven Elemente des Geschehens im Sachverhalt unter die objektiven und subjektiven Tatbestandsmerkmale des jeweiligen gesetzlichen Straftatbestandes. Dabei werden grundsätzlich die objektiven vor den subjektiven Merkmalen geprüft. Bei der Prüfung der objektiven Merkmale ist vor allem der Stoff des BT des StGB einschlägig. Es gilt zu klären, ob bestimmte Voraussetzungen eines Delikts erfüllt sind. Es geht hierbei also um äußere, tatsächliche Vorgänge des Geschehens im Sachverhalt. Hier kann abhängig von Delikt entweder nur der reine Verletzungserfolg ausreichen oder die Verwirklichung des Delikts fordert eine bestimmte Handlung. Doch auch die Frage der Kausalität (ob der jeweilige Erfolg dem Verhalten des Täters zugerechnet werden kann und demnach nur bei Erfolgsdelikten Relevanz entwickeln kann) und die objektive Zurechnung (bei nicht verhaltensgebundenen Delikten die Schaffung einer unerlaubten Gefahr) sind im Rahmen des objektiven Tatbestandes zu erörtern.

Für die Prüfung des subjektiven Tatbestandes ist vor allem Materie des AT dominant. Es geht um die subjektive Beziehung des Täters zu seiner Tat, ob er vorsätzlich in Kenntnis aller objektiven Merkmale gehandelt hat (vgl. § 15 StGB), auch § 16 I StGB ist eventuell hier zu prüfen. Zudem sind im Rahmen des subjektiven Tatbestandes weitere deliktspezifische subjektive Unrechtsmerkmale zu prüfen (z.B. Zueignungsabsicht bei § 242 StGB).

Nach dem Tatbestand wird, abhängig davon, ob das jeweilige Delikt dies erfordert, die objektive Bedingung der Strafbarkeit geprüft. Auf diese muss sich der Vorsatz nicht beziehen (z.B. Tod eines Menschen bei Prüfung der Beteiligung an einer Schlägerei, § 231 StGB).

Konkret bedeutet das bspw. für die Prüfung eines Diebstahls gem. § 242 StGB folgendes: Könnte auf den Geschehensablauf eines Sachverhalts der § 242 StGB anwendbar sein, sind alle Tatbestandsmerkmale dieses Delikts zu untersuchen. Die Prüfung **beginnt** mit den objektiven Merkmalen und erst, wenn alle bejaht wurden, schließt sich die Prüfung der subjektiven Merkmale des Straftatbestandes an.

Der Wortlaut des § 242 I StGB ist: „Wer eine fremde bewegliche Sache einem anderen in der Absicht wegnimmt, die Sache sich oder einem Dritten rechtswidrig zuzueignen, wird mit Freiheitsstrafe bis zu fünf Jahren oder mit Geldstrafe bestraft."

Die objektiven Tatbestandsmerkmale des § 242 StGB sind: „Sache", „beweglich", „fremd" und die Tathandlung „Wegnahme".

Die subjektiven Tatbestandsmerkmale des § 242 StGB sind: Die Absicht, die fremde Sache sich oder einem Dritten rechtswidrig zuzueignen. Zum subjektiven Tatbestand gehört **daneben** der Vorsatz des Täters (bzw. Fahrlässigkeit, wenn das jeweilige Delikt sie unter Strafe stellt, vgl. § 15 StGB), der alle objektiven Merkmale des § 242 StGB umfassen muss. Unter jedes dieser Merkmale ist der Geschehensablauf im Sachverhalt zu subsumieren, wobei freilich noch mal darauf hingewiesen sei, dass völlig Unproblematisches nicht breit diskutiert, sondern schnell bejaht werden sollte.

Bei der Prüfung des subjektiven Tatbestandes können häufig Probleme entstehen. Die Vorstellungen und inneren Vorgänge der Personen werden im Sachverhalt vielfach **nicht ausgiebig** oder nur rudimentär erwähnt. In diesen Fall kann man während der Subsumtion die fehlenden Sachverhaltsinformationen durch **sorgfältige** Auslegung ermitteln. Dabei ist ein Schluss von äußeren Tatsachen auf innere Abläufe durchaus gestattet (z.B. ist bei einem provozierten Auffahrunfall, um Ansprüche gegen Versicherung des Auffahrenden zu erhalten, regelmäßig ein bedingter Körperverletzungsvorsatz des Provozierenden gegenüber dem Auffahrenden anzunehmen).

Seien Sie jedoch vorsichtig mit übereilten Schlüssen. Sie können auch die Strafbarkeit wegen fehlenden Vorsatzes verneinen. Protagonisten eines strafrechtlichen Sachverhalts müssen nicht zwingend überlegene kriminelle Energie aufweisen.

2. Rechtswidrigkeit

Die Rechtswidrigkeit ist durch die Erfüllung eines Straftatbestandes **indiziert**. Grundsätzlich entfällt die Rechtswidrigkeit und damit der **Unwert einer Tat**, wenn eine Handlung gerechtfertigt ist. In einem Gutachten wird die Rechtswidrigkeit aber regelmäßig nur festgestellt. Das geschieht durch einen einfachen Satz wie: „Rechtfertigungsgründe sind nicht ersichtlich." Bei weiteren Delikten des gleichen Täters sollte die Rechtswidrigkeitsprüfung höchstens noch auf den Satz „X handelte rechtswidrig" beschränkt werden. Ist eine Prüfung von Rechtfertigungsgründen angebracht, ist wie bei einem Tatbestand auf die objektiven und subjektiven Voraussetzungen des jeweiligen Rechtfertigungsgrundes einzugehen. Im objektiven Teil sind dies die objektive Rechtfertigungssituation und -handlung, im subjektiven Bereich die jeweiligen subjektiven **Rechtfertigungselemente**.

Zum generellen Verständnis ist bzgl. der subjektiven Rechtfertigungselemente – wenn auch dogmatisch unsauber – auszuführen, dass es sich dabei – in vorsatzähnlicher Weise zu prüfen – um das Wissen und Wollen hinsichtlich der jeweils objektiven Rechtfertigungssituation handelt.

Für den Rechtfertigungsgrund der Notwehr bedeutet dies zum Beispiel: Der § 32 II StGB sieht als objektive Voraussetzungen der Notwehrsituation einen „gegenwärtigen, rechtswidrigen Angriff" – die sog. Notwehrlage – vor. Weiter ist die Notwehrhandlung, die „Verteidigung, die erforderlich ist". Daneben erfüllt die Notwehr auch den übergeordneten Zweck, den Angriff von dem aus Notwehr Handelnden abzuwenden. Dies ist der subjektive Teil des Rechtfertigungsgrundes, die „Verteidigung zur Abwehr". Als kognitives Element muss der Handelnde die objektive Notwehrsituation und die Notwehrhandlung, inklusive der Erforderlichkeit und Gebotenheit (§ 32 I StGB) der Notwehrhandlung, in sein Wissen aufgenommen haben und als voluntatives Element sein Handeln als Angriffsabwehr wollen. Es ist sozusagen ein aus der Vorsatzprüfung des subjektiven Tatbestandes her bekanntes „Sichbeziehen" von den subjektiven auf die objektiven Rechtfertigungselemente nötig. Volle Rechtfertigung erlangt der Handelnde nur dann, wenn alle subjektiven und objektiven Voraussetzungen in seiner Person und seinem Verhalten vorliegen. Ist eine Handlung zwar objektiv als Notwehrhandlung in einer Notwehrsituation einzuordnen ohne dass der Handelnde Kenntnis von dieser Lage hat, fehlt das subjektive Rechtfertigungselement der Notwehr, das schließlich zur Rechtfertigung führen würde. Der Täter kann dann entsprechend der jeweiligen Lehrmeinungen wegen vollendeter oder versuchter Tat bestraft werden. Kehrt man diese Situation um, so dass der Handelnde nach seiner Vorstellung in einer Rechtfertigungssituation handelt, die aber objektiv nicht vorliegt, so handelt der Täter in einem sog. Erlaubnistatbestandsirrtum. Dieser wird aber erst auf der Schuldebene interessant. Bei der Notwehr nennt man diese Konstellation „Putativnotwehr".

Wird also die Prüfung von Rechtfertigungsgründen nötig, ist eine bestimmte Prüfungsreihenfolge einzuhalten. So sind zunächst solche zu prüfen, die engere Voraussetzungen haben, Notwehr also vor Notstand. Wird die Einschlägigkeit von Rechtfertigungsgründen mit engeren Voraussetzungen verneint, ist erst dann auf die Prüfung der Rechtfertigungsgründe mit weiteren Voraussetzungen einzugehen. In ein Gutachten sollen ja alle Möglichkeiten einfließen, auch wenn sie nach eingehender Prüfung ablehnt werden.

Rechtfertigungsgründe sind nicht nur im Strafgesetz zu finden, sondern in der Gesamtrechtsordnung. Die wichtigsten Rechtfertigungsgründe sind die folgenden:

Übersicht 10: Einige Rechtfertigungsgründe

▶ **Einwilligung, mutmaßliche Einwilligung**

▶ **Notwehr**: § 32 StGB, § 227 BGB

▶ **Rechtfertigender Notstand**: § 34 StGB

▶ **Zivilrechtlicher Notstand**: §§ 228, 904 BGB

▶ **Festnahmerecht**: § 127 StPO

▶ **Dienstliche Anweisungen und Befehle**

Es gibt nun Tatbestände, wie z.B. die Nötigung § 240 StGB, die eine ausdrückliche Umschreibung der Rechtswidrigkeit enthalten. Für die Nötigung hat der Gesetzgeber in § 240 II StGB die sog. „Verwerflichkeitsprüfung" vorgesehen. Diese beinhaltet, dass eine Nötigung nur dann rechtswidrig ist, wenn die Relation des von der Nötigung erreichten Zwecks und des dafür eingesetzten Mittels verwerflich ist. Diese Verwerflichkeitsprüfung braucht aber nur dann durchgeführt zu werden, wenn nicht schon sonstige Rechtfertigungsgründe eingreifen. Denn nur dann hängt das Gesamtunrecht der Nötigung von eben der Verwerflichkeit der Zweck-Mittel-Relation ab.

3. Schuld

Nach der Prüfung der Tatbestandsmäßigkeit und der Rechtswidrigkeit folgt dem obigen Schema des dreigliedrigen Straftatbegriffes entsprechend die Prüfung der Schuld, also ob das Verhalten des Täters schuldhaft war, ob ihm sein tatbestandsmäßiges und rechtswidriges Verhalten vorzuwerfen ist. Die Frage der Schuld im Strafrecht ist ein wertendes Urteil über den Täter und sein Verhalten. Dies umfasst neben der individuellen Vorwerfbarkeit des Verhaltens des Täters auch die psychische Beziehung des Täters zu seiner Tat.

Im Deliktsaufbau ist „die Schuld" in vier Elemente zu untergliedern, die je nach Sachverhaltslage abzuarbeiten und durchzuprüfen sind. Sind in einer Fallklausur erwachsene Personen zu prüfen, ist grundsätzlich von der schuldhaften Tatausführung auszugehen, wenn nicht Informationen im Sachverhalt das Gegenteil anzeigen. Die einzelnen Schuldelemente sind also jeweils nur anzuprüfen, wenn eindeutige Anzeichen einer möglichen Einschlägigkeit für eins dieser Elemente bestehen. Die Schuld ist in Anlehnung an das zur Rechtswidrigkeit Gesagte lediglich festzustellen. „Schuldausschließungsgründe sind nicht ersichtlich, X handelte schuldhaft."

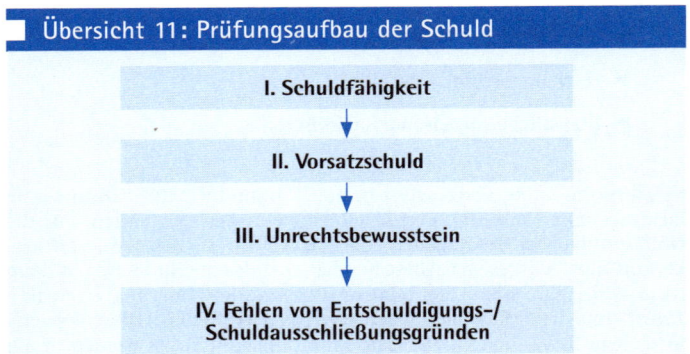

Übersicht 11: Prüfungsaufbau der Schuld

I. Schuldfähigkeit

↓

II. Vorsatzschuld

↓

III. Unrechtsbewusstsein

↓

IV. Fehlen von Entschuldigungs-/
Schuldausschließungsgründen

a) Schuldfähigkeit

Voraussetzung für ein schuldhaftes Verhalten ist die generelle Schuldfähigkeit des Täters (§§ 19, 20 StGB). Die Schuldfähigkeit ist in strafrechtlichen Fallklausuren jedoch vergleichsweise selten problematisch. Wenn der Sachverhalt nicht eindeutige Hinweise auf eine etwaige Schuldunfähigkeit eines Täters bietet, ist auf sie nicht einzugehen. Die Schuldfähigkeit wird also, wenn nichts Gegenteiliges aus dem Sachverhalt hervorgeht, vermutet (im Gegensatz zum Jugendstrafrecht, § 3 JGG). Problematische Konstellationen können sich in Zusammenhang mit der sog. actio libera in causa (a.l.i.c.) ergeben, einer (umstrittenen) strafrechtlichen Figur. Sie kann zum Einsatz kommen, wenn der Täter ein Delikt im Zustand der

Schuldunfähigkeit begeht, die Schuldunfähigkeit aber selbst – vorsätzlich oder fahrlässig – herbeigeführt hat. Dies ist in strafrechtlichen Fallklausuren regelmäßig ein Täter, der sich sinnlos betrinkt und in diesem Zustand ein Delikt begeht. Auch eine mögliche Strafbarkeit wegen Vollrausches (§ 323 a StGB) ist entsprechend zu untersuchen.

b) Vorsatzschuld

Die Vorsatzschuld ist ein Merkmal, dass mit der sog. Doppelfunktion des Tatvorsatzes der Deliktsprüfung zu Grunde gelegt wird. Dabei gliedert sich der Tatvorsatz in ein subjektives Unrechts- und Schuldmerkmal. Im subjektiven Tatbestand wird der Tatvorsatz als Unrechtsmerkmal geprüft, in der Schuldprüfung folgt nun die zweite Prüfung des Vorsatzes in seiner Funktion als Schuldmerkmal. Dabei geht es darum, die vorsätzlich fehlerhafte Einstellung des Täters zur Rechtsordnung zu prüfen. Es geht dabei also um den Gesinnungsunwert der Tat.

Grundsätzlich indiziert der Verhaltensvorsatz im subjektiven Tatbestand die Vorsatzschuld. Sie ist nicht gesondert zu prüfen, es sei denn, der Sachverhalt gibt Anlass zur Annahme, der Täter unterliege einer Fehlvorstellung bzgl. der Tatumstände, die zum gesetzlichen Tatbestand gehören (§ 16 I 1 StGB). Der Verhaltensvorsatz fordert ja das Handeln des Täters in Kenntnis aller objektiven Tatumstände. Kennt der Täter also einen Umstand nicht, der zum Tatbestand gehört, bestimmt § 16 I 1 StGB den Vorsatzausschluss. Der Täter handelt in einem Tatbestandsirrtum, ein Handeln mit fehlendem Verwirklichungswillen hinsichtlich des Tatbestandes. Fraglich ist dann nur noch, ob der zum Vorsatzausschluss führende Irrtum möglicherweise fahrlässig herbeigeführt ist. Dies führte dann zu der Prüfung eines, eventuell und je nach Möglichkeit, fahrlässig begangenen Delikts.

c) Unrechtsbewusstsein

Das Unrechtsbewusstsein ist das Wissen des Täters, dass er Unrecht begeht. Er muss dazu zwar nicht wissen, dass er mit seinem Handeln einen bestimmten Straftatbestand verwirklicht. Es reicht die Einsicht des Täters, dass sein Verhalten rechtlich verboten ist. Grundsätzlich ist auch das Unrechtsbewusstsein nur bei Anlass zu prüfen. Dem Täter ist regelmäßig das Unrecht seiner Taten bewusst (aktuelles Unrechtsbewusstsein bzw. er hätte bei Einsatz seiner Vernunft und Werte die

Einsicht in das Unrecht erlangen können (potentielles Unrechtsbewusstsein). Das Unrechtsbewusstsein **kann** fehlen, wenn der Täter auf Grund eines unvermeidbaren Verbotsirrtum handelt. Er handelt dann schuldlos (§ 17 StGB).

d) Fehlen von Entschuldigungs- und Schuldausschließungsgründen

In dem Prüfungspunkt der Entschuldigungsgründe ist die Prüfung der Entschuldigungs- und Schuldausschließungsgründe vorzunehmen. In Frage kommen hier der entschuldigende Notstand (§ 35 StGB), die Überschreitung der Notwehr (§ 33 StGB) sowie der übergesetzliche entschuldigende Notstand. Hinsichtlich der aufbautechnischen Einordnung der Irrtümer und insbesondere des Erlaubnistatbestandsirrtum ist keine eindeutige Aussage zu machen. Vor allem der methodische Ablauf der Prüfung eines Erlaubnistatbestandsirrtums ist stark umstritten. Hierzu wird auf einschlägige Lehrbücher verwiesen, da eine Auseinandersetzung mit dieser Problematik den Rahmen dieses Buches bei weitem sprengen würde.

Lektion 13: Versuch, Unterlassen und Teilnahme

Versuchsstrafbarkeit

Neben dem bisher ausschließlich besprochenen vollendeten Delikt, kennt das Strafrecht auch den strafbaren Versuch eines Delikts. Einen Versuch begeht, wer ein konkretes Rechtsgut (durch deliktische Planung) schon gefährdet hat, der tatbestandliche Erfolg aber ausgeblieben ist.

Die Strafbarkeit richtet sich in einem solchen Fall nach den §§ 22 ff. StGB. Kennzeichen eines strafbaren Versuchs ist die Nichtvollendung des jeweiligen Delikts. Nichtvollendung liegt vor, wenn der objektive Unrechtstatbestand nicht oder nicht vollständig verwirklicht ist. Hinsichtlich eines Erfolgsdelikts bedeutet das bspw., dass der tatbestandliche Erfolg nicht oder aber dem Täter nicht zurechenbar eingetreten ist. Während also bei einem Versuch der objektive Tatbestand gewissermaßen mit einem Mangel belastet ist, ist der subjektive Tatbestand dagegen vollständig erfüllt.

Für den Aufbau der Prüfung eines Versuchs ergeben sich folgende Besonderheiten:

Jede Versuchsprüfung setzt eine Vorprüfung voraus. Prüfungspunkte sind die Nichtvollendung des jeweiligen Delikts und die Strafbarkeit des Versuchs. Die Nichtvollendung wird jedoch in der Versuchsprüfung nur noch einmal festgestellt. Sie sollte nämlich das Ergebnis der Prüfung des vollendeten Delikts sein. Es wird ergo immer das vollendete Delikt geprüft und dann der Versuch. Es sei denn, die Informationen des Sachverhalts lassen vernünftigerweise nur die Prüfung des versuchten Delikts zu, es also offensichtlich und unzweifelhaft nicht vollendet wurde.

Die Strafbarkeit des Versuchs ergibt sich aus §§ 23 I, 12 StGB: Der Versuch eines Verbrechens ist immer strafbar, der Versuch eines Vergehens dann, wenn es im Gesetz ausdrücklich bestimmt ist.

Als nächste Punkte folgen die Prüfung des Tatentschlusses und anschließend das unmittelbare Ansetzen. Der Tatentschluss ist der Wille und das Wissen des Täters, bestimmtes tatbestandliches Handeln vorzunehmen. Der Tatentschluss stellt den subjektiven Versuchstatbestand dar, der neben dem Tatvorsatz auch alle weiteren subjektiven Unrechtskomponenten des jeweiligen Delikts umfasst.

Wann der Täter unmittelbar zur Tatbestandsverwirklichung angesetzt hat – also den objektiven Versuchstatbestand erfüllt hat –, ist umstritten. Insbesondere die Abgrenzung zu straflosen Vorbereitungshandlungen und einer straflosen „bösen Gesinnung" ohne Gefährdung sind hier zu diskutieren. Nicht jedes Ansetzen soll für die Strafbarkeit reichen, grundsätzlich ist sich aber folgendes zu merken:

Leitsatz 8

Unmittelbares Ansetzen

Unmittelbares Ansetzen liegt vor, wenn der Täter aus seiner Sicht die **Schwelle** zum „Jetzt geht es los" **überschritten** hat **und** objektiv **Handlungen** vornimmt, die bei ungestörtem Fortgang ohne weitere Zwischenschritte in die tatbestandliche Ausführung der Tat münden.

Bei der Versuchsprüfung ist also die Prüfungsreihenfolge im Tatbestand quasi spiegelverkehrt. Die nachfolgende Prüfung von Rechtswidrigkeit und Schuld ist unverändert. Beim Versuch ist jedoch als Strafausschließungsgrund ein eventueller Rücktritt nach § 24 StGB zu prüfen. Dies wird im Gutachten leicht übersehen oder vergessen. Bei jeder Versuchsprüfung sollte daher routinemäßig immer ein möglicher Rücktritt angedacht werden.

Das unechte Unterlassungsdelikt

Aus § 13 I StGB ergibt sich die Strafbarkeit wegen Unterlassens einer erfolgsabwendenden und gebotenen Handlung, zu der der Unterlassende rechtlich verpflichtet war. In Kombination mit einem Tatbestand, der eigentlich nur durch aktives Tun verwirklicht werden kann, entsteht das unechte Unterlassungsdelikt. § 13 StGB setzt gleichsam das Unterlassen dem aktiven Tun gleich.

In Abgrenzung dazu stehen die echten Unterlassungsdelikte (z.B. § 323 c StGB), die im Gesetz ausdrücklich unter Strafe gestellt sind. Der Aufbau dieser Delikte ergibt sich direkt aus der Norm und wird daher hier nicht weiter behandelt.

Ein unechtes Unterlassungsdelikt kann aus fast allen übrigen Delikten des StGB entstehen. Es weist im objektiven Tatbestand als zusätzlichen Prüfungspunkt die Untersuchung der Garantenstellung des Täters auf. Die Garantenstellung des Täters beschreibt seine Pflichtenstellung hinsichtlich des Opfers. Garant ist, wen eine Rechtspflicht zum Handeln trifft. Garantenpflichten können sich aus verschiedenen (umstrittenen) Quellen ergeben (Beschützergarant, Überwachungsgarant ...). Geboten ist aber immer nur eine Handlung, die dem Garanten auch tatsächlich möglich ist. Neben der Problematik des Prüfungsaufbaus eines unechten Unterlassungsdelikts ist aber vor allem das Erkennen eines Unterlassungsdeliktes vielfach nicht ganz einfach, es ist ein genaues Studium des Sachverhaltes nötig. Zu untersuchen ist dabei, ob der Schwerpunkt der Vorwerfbarkeit eines bestimmten Verhaltens auf aktivem Tun oder Unterlassen liegt. Das kann mitunter zu Schwierigkeiten führen:

▬ Fall 10

A lässt seine dreijährige Tochter T mit einem Kettcar einen kurzen Hügel hinunter auf eine Garage zurollen. Das Kettcar ist nach einem daran angebrachten Warnschild nur für Kinder über fünf Jahren geeignet. Obwohl sich A nah genug am Geschehen aufhält um einzugreifen, fährt T gegen das Garagentor, wobei sie sich das Knie stark prellt.

Hier muss zunächst in einer Vorüberlegung angedacht werden, ob ein Unterlassen oder ein aktives Tun zu prüfen ist (Die Vorüberlegung hat im Gutachten allerdings nichts zu suchen, sie ist lediglich vorbereitend! Die Abgrenzung im Gutachten erfolgt im Prüfungspunkt „Unterlassen"). Problematisch ist, dass einerseits die Vorwerfbarkeit im Fahren lassen und andererseits im Nichteingreifen liegen kann. Beides ist auch kausal für den Erfolg. Klausurtaktisch ist es in einer solchen Situation immer sinnvoll zunächst das Unterlassungsdelikt §§ 223, 13 I StGB zu prüfen und eventuell dann abzulehnen. Hier sind beide Lösungen vertretbar. Beginnt man also mit der Prüfung der Körperverletzung durch Unterlassen, kann man diese mit guter Begründung schon bejahen. Die Garantenstellung ist unproblematisch, A ist als Elternteil Beschützergarant.

Teilnahme

Die Prüfung von eventuellen Tatbeteiligungen bereitet im Strafrecht erfahrungsgemäß oft Schwierigkeiten. Grundsätzlich ist zunächst folgendes zu sagen: Die Prüfung einer etwaigen Tatbeteiligung wird innerhalb des jeweiligen Delikts geprüft, also in Tatbestand, Rechtswidrigkeit und Schuld. Eine einleitende Erörterung, ob in einem konkreten Fall eine Täterschaft ohne Teilnahme vorliegt, darf keinesfalls stattfinden. Sämtliche abstrakte und aus dem Gutachtenaufbau losgelöste Ausführungen sind zu unterlassen.

Es ist vielmehr im Sachverhalt nach dem Tatnächsten zu suchen. Indizien für die Tatnähe sind z.B. eigenhändig und vollständig verwirklichte Delikte. Weisen die Informationen des Sachverhalts auf Tatbeteiligung(en) hin, ist die Abgrenzung von Täterschaft und Teilnahme unter Anwendung der Teilnahmetheorien in dem Prüfungspunkt der Tatbestandsmäßigkeit des jeweiligen Delikts vorzunehmen. Die Prüfung von Mittäterschaft, mittelbarer Täterschaft und Anstiftung bzw. Beihilfe ist je nach den Voraussetzungen der jeweiligen Beteiligungsform etwas unterschiedlich zu gestalten. Das ergibt sich bereits aus den §§ 25 ff. StGB.

Kommt eine Mittäterschaft in Frage, finden sich im Sachverhalt Anzeichen für ein gleichberechtigtes Zusammenwirken mehrerer, ist zunächst die unmittelbare Tatbegehung des Tatnächsten zu prüfen. Anschließend folgt die Prüfung weiterer Tatbeteiligter als Mittäter. In diesem Rahmen ist, nachdem das Vorliegen der Voraussetzungen einer Mittäterschaft festgestellt wurde, unter Anwendung der Teilnahmetheorien und in der jeweiligen Tatbestandsprüfung die Abgrenzung zwischen Täterschaft und Teilnahme vorzunehmen. Führt die Abgrenzung zur positiven Feststellung der Mittäterschaft, ist das jeweilige Delikt sauber zu Ende zu prüfen. Da es sich bei dem § 25 II StGB um eine Norm handelt, die wechselseitig Tatbeiträge zurechnet, ist dieser Aufbau vorwiegend dann anzuwenden, wenn jeder Tatbeteiligte unterschiedliche Tatbeiträge leistet. Ist die Informationslage des Sachverhalts so eindeutig, dass alle Tatgenossen einvernehmlich und rechtlich unproblematisch als Mittäter auftreten, ist es auch möglich, alle (Mit-)Täter gemeinsam zu prüfen.

Die mittelbare Täterschaft nach § 25 I 2. Alt. StGB setzt das Vorhandensein eines „Tatmittlers" und eines „Hintermanns" voraus. Grundsätzlich zeichnet sich der Tatmittler dadurch aus, dass er als Tatnächster einen strafrechtlichen Tatbestand verwirklicht, jedoch einem Strafbarkeitsmangel unterliegt (z.B. schuldlos handelt oder ohne Vorsatz. Beachte jedoch die Figur des „Täter hinter dem Täter", die teilweise Schwierigkeiten in Abgrenzung zur sog. „funktionalen Tatherrschaft" bereiten kann). Der Tatmittler ist logischerweise meistens auch der Tatnächste, welcher somit auch zuerst geprüft wird. Ein bei diesem vorliegender Strafbarkeitsmangel deutet vielfach schon auf eine mittelbare Täterschaft hin. Nach der Prüfung des Tatmittlers kann (wieder auf der Basis der Teilnahmetheorien) die Prüfung des mittelbaren Täters (des Hintermanns) stattfinden (Vorraussetzungen der mittelbaren Täterschaft, Teilnahmetheorien, restliche Deliktsprüfung).

Die Prüfung einer Anstiftung oder Beihilfe folgt (§ 26 bzw. § 27 StGB), wenn die Abgrenzung zwischen Täterschaft und Teilnahme ergeben hat, dass eine Teilnahme vorliegt. Eine erneute Abgrenzung ist dann bei der Prüfung der jeweiligen Teilnahmeform natürlich entbehrlich, es wird dann lediglich das Vorliegen der Voraussetzungen der Teilnahmeform untersucht und bei positivem Ergebnis die Strafbarkeit aus dieser Vorschrift festgestellt. Zu dieser Thematik ist sich zusammenfassend folgendes zu merken:

Leitsatz 9

Täterschaft und Teilnahme

Die Abgrenzung von Täterschaft und Teilnahme findet immer während der Deliktsprüfung statt. Es wird grundsätzlich **Täter vor Teilnehmer** geprüft. Die Strafbarkeit des **Tatnächsten** wird immer zu erst geprüft.

Lösung von Fall 9 (vgl. hierzu Übersicht 8):

1. Handlungskomplex: Geschehen im Kaufhaus

I. Strafbarkeit des A gem. § 242 StGB durch Einstecken des Ringes

A könnte sich durch das Einstecken des Ringes strafbar wegen Diebstahls gem. § 242 StGB gemacht haben.

1. Objektiver Tatbestand

Der Ring ist eine bewegliche Sache, der im Eigentum des Kaufhausinhabers stand, mithin für A „fremd" im Sinne des § 242 StGB.

Anmerkung: Die Tatbestandsmerkmale sind unproblematisch und müssen nicht lange diskutiert werden.

A müsste den Ring weggenommen haben. Eine Wegnahme im Sinne des § 242 StGB ist der Bruch fremden und die Begründung neuen Gewahrsams. Gewahrsam ist die tatsächliche Sachherrschaft eines Menschen über eine Sache, die von einem natürlichen Herrschaftswillen getragen wird. Fraglich ist, ob der Gewahrsamswechsel schon innerhalb des Kaufhauses eintreten kann. Bei kleineren Gegenständen genügt schon das Verbringen des Gegenstandes in eine Gewahrsamsenklave, eine persönliche Herrschaftssphäre. Dies genügt auch, wenn der Täter sich noch in fremdem Herrschaftsbereich aufhält.

A hat durch das Einstecken des Ringes eine Gewahrsamsenklave begründet und könnte dadurch einen Gewahrsamswechsel herbeigeführt und eigenen Gewahrsam begründet haben. Allerdings könnte die Wegnahme nicht vollendet sein, weil A von D beobachtet wurde. Nach herrschender Meinung ist aber der Diebstahl kein heimliches Delikt. Daher ist die Wegnahme des Ringes durch A trotz der Beobachtung von D vollendet.

Anmerkung: Hier ist gut die Schachtelung der einzelnen Gliederungsebenen mit den zugehörigen Definitionen zu sehen. Die erste Prüfungsfrage lautet: „Hat A den Ring weggenommen?" Im Verlauf der Prüfung treten weitere Elemente auf, die auf eigenen Gliederungsebenen behandelt werden. Das Ergebnis ist schließlich die Antwort auf die erste Prüfungsfrage: „A hat den Ring weggenommen."

Anmerkung: An dieser Stelle ist nun auch die Prüfung des objektiven Tatbestandes vorbei. A hat alle objektiven Merkmale des § 242 StGB erfüllt.

2. Subjektiver Tatbestand

A hat hinsichtlich der Wegnahme einer fremden beweglichen Sache vorsätzlich gehandelt.

Anmerkung: Der Vorsatz bzgl. des objektiven Tatbestandes ist hier unproblematisch. A wollte eine Sache entwenden; das geht eindeutig aus dem Sachverhalt hervor. Eine lange Prüfung des Vorsatzes wäre hier überflüssig und damit falsch.

Anmerkung: Der Vorsatz wird nach allgemeiner Ansicht mit Hilfe folgender Definition geprüft: Vorsatz ist der Wille zur Verwirklichung eines Straftatbestandes in Kenntnis aller objektiven Tatumstände. Der Vorsatz besitzt also ein voluntatives (Wille) und ein kognitives (Kenntnis aller objektiven Tatumstände) Element. Beide Elemente müssen (§ 16 I 1 StGB nennt das voluntative Element nicht ausdrücklich) bei Begehung der Tat, also bei Vornahme der tatbestandlichen Handlungen vorliegen. Da beide Elemente nicht immer mit gleicher Intensität vorliegen müssen, resultiert daraus eine verschieden starke Ausprägungsmöglichkeit des Täterverhaltens. Namentlich untergliedert sich der Vorsatz danach in die drei Formen: Absicht (Zielgerichteter Erfolgswille, „es kommt dem Täter gerade auf den Taterfolg an"), direkter Vorsatz (sicheres Wissen der Tatbestandsverwirklichung) und Eventualvorsatz oder bedingter Vorsatz (Inkaufnehmen und Sichabfinden mit der Tatbestandsverwirklichung). Der Vorsatz im speziellen ist jedoch nur bei problematischen Fallgestaltungen ausgiebig zu prüfen.

In Abgrenzung dazu liegt (bewusste) Fahrlässigkeit vor, wenn der Täter ernsthaft darauf vertraut, die Tatbestandsverwirklichung durch sein Verhalten bleibe aus („es wird schon gut gehen"). Wird die Fahrlässigkeit bejaht, richtet sich der Deliktsaufbau aber nach einem leicht abweichenden Aufbauschema, das von dem des vorsätzlichen Delikts abweicht, allerdings nur soweit das jeweilige Delikt auch fahrlässig verwirklicht werden kann. Es muss dem Täter objektiv (tatbestandlich) und subjektiv (auf der Schuldebene) eine Sorgfaltspflichtverletzung vorzuwerfen sein.

A müsste auch in Zueignungsabsicht gehandelt haben, die aus der Absicht (auch nur vorübergehender) Aneignung und dem Vorsatz dauerhafter Enteignung besteht. A wollte sich den Ring aneignen und gleichzeitig das Kaufhaus dauerhaft aus seiner Eigentümerstellung verdrängen. Des Weiteren hatte A keinen fälligen einredefreien Anspruch auf Übereignung des Ringes, mithin war die von A erstrebte Zueignung auch rechtswidrig.

Anmerkung: Auch hier handelt es sich um eine recht kurze Prüfung. Jedoch ist in diesem Fallbereich kein rechtliches Problem auszumachen, so dass der obige Umfang durchaus genügt. A hat auch den subjektiven Tatbestand des § 242 StGB erfüllt.

Beachte! Die Rechtswidrigkeit der erstrebten Zueignung ist Tatbestandsmerkmal. Insofern ist bei diesem Prüfungspunkt bereits auf eventuelle Erlaubnissätze einzugehen, die den Widerspruch zur Rechtsordnung beseitigen können (z.B. ein fälliger, durchsetzbarer zivilrechtlicher Anspruch auf die Sache). Die Rechtswidrigkeit muss zudem objektiv vorliegen und der Täter muss hinsichtlich dieses Merkmals Vorsatz haben.

3. Rechtfertigungsgründe oder Schuldausschließungsgründe sind nicht ersichtlich. A handelte rechtswidrig und schuldhaft.

4. Ergebnis

A ist wegen Diebstahls an dem Ring strafbar gem. § 242 StGB.

II. Strafbarkeit des A gem. § 249 StGB durch Entreißen und Einstecken des Kolliers

A könnte sich durch das Entreißen des Kolliers eines Raubes gem. § 249 StGB strafbar gemacht haben.

Das Kollier ist für A eine fremde, bewegliche Sache. Er hat auch neuen Gewahrsam an dem Kollier durch Einstecken in seine Jacke begründet, es mithin weggenommen (s.o.).

Fraglich ist, ob A Gewalt angewendet hat. Gewalt ist jede körperliche Kraftentfaltung, die sich körperlich auf das Opfer ausgewirkt hat, um ihren (auch nur erwarteten) Widerstand zu brechen. A wollte durch das rasche Zugreifen gerade die Entstehung von Widerstand beim Opfer vermeiden. Er hat keine Gewalt angewendet. Der objektive Tatbestand ist somit nicht erfüllt, ein Raub gem. § 249 StGB scheidet somit aus.

Exkurs: Der Tatbestand des Raubes (§ 249 StGB) setzt sich strukturell aus Diebstahl, § 242 StGB und einer (qualifizierten) Nötigung, § 240 StGB zusammen. Wie auf dem Zeitstrahl zum Falltext zu sehen, kommt bei Einsatz von Raubmitteln zwischen Versuchsbeginn und Vollendung eines Diebstahls die Prüfung eines Raubes in Betracht. Anzuprüfen ist also, ob es sich bei dem Entreißen des Kolliers um „Gewalt" im Sinne einer qualifizierten Nötigung handelt. Vorliegend ist dies abzulehnen. Daher scheitert eine Prüfung bereits im objektiven Tatbestand. Bzgl. der Diebstahlselemente in der Prüfung kann man hier gut nach oben verweisen, da die Wegnahme beim Kollier den gleichen Problemen unterliegt wie der Diebstahl des Ringes.

Anmerkung: Es gibt jedoch durchaus Fälle, die eine Gewaltanwendung durch Entreißen bejahen lassen. So bspw. wenn der Täter dem Opfer eine Handtasche entreißt, und sich das Opfer so sehr an der Tasche festhält, dass es sich durch das Reißen des Täters an der Tasche die Schulter auskugelt (vgl. BGHSt 18, 329). Es muss zwar beim Raub nicht zu körperlichen Verletzungen kommen, aber das qualifizierte Nötigungsmittel des § 249 StGB muss erfüllt sein.

III. Strafbarkeit des A gem. § 242 StGB durch Entreißen und Einstecken des Kolliers

A hat das Kollier, das für ihn eine fremde bewegliche Sache war, weggenommen. Er hatte auch die nötige Absicht rechtswidriger Zueignung. Er handelte außerdem vorsätzlich, rechtswidrig und schuldhaft. A ist strafbar wegen Diebstahls des Kolliers gem. § 242 StGB.

Anmerkung: Ist der Raub wegen fehlendem Nötigungselement (Raubmittel) abgelehnt worden, bleibt die Strafbarkeit des vollendeten Diebstahls. Die Voraussetzungen liegen nunmehr unproblematisch vor.

IV. Strafbarkeit des A wegen räuberischen Diebstahls, § 252 StGB, durch Schlagen des D

A könnte sich zudem strafbar wegen räuberischen Diebstahls gem. § 252 StGB durch Schlagen des D gemacht haben.

1. Objektiver Tatbestand

Der Grundtatbestand des Diebstahls, nämlich ein vollendeter Diebstahl von A liegt vor. A müsste weiter nach Vollendung der Wegnahme Gewalt gegen eine Person angewendet haben. Der Schlag in das Gesicht des D erfüllt die Voraussetzungen des Merkmals „Gewalt" und wurde zudem von A auch nach Vollendung der Wegnahme eingesetzt.

Schließlich müsste A auch auf frischer Tat betroffen worden sein. Für die frische Tat ist ein enger räumlicher und zeitlicher Zusammenhang nötig. Das Betroffensein umschreibt, dass der Täter von einer anderen Person sinnlich wahrgenommen wurde, bzw. dass der Täter mit einer anderen Person zusammentrifft. Der enge räumliche und zeitliche Zusammenhang ist hier zu bejahen, A befand sich noch in fremder Herrschaftssphäre. D hat A auch wahrgenommen, mithin war A auch betroffen.

Der objektive Tatbestand des § 252 StGB ist somit gegeben.

Anmerkung: Die Voraussetzung, dass die Gewalt nach Vollendung der Wegnahme eingesetzt worden sein muss, beschreibt die Abgrenzung zum Raub (siehe Zeitstrahl). Beim räuberischen Diebstahl geht es um die Beutesicherung, also den Zeitraum zwischen Vollendung und Beendigung (Beendigung eines Diebstahls tritt mit Beutesicherung ein.)

2. Subjektiver Tatbestand

A handelte hinsichtlich aller objektiven Tatbestandsmerkmale mit Wissen und Wollen. Zudem hatte A auch die Absicht, sich durch die Gewaltanwendung in Besitz der Beute zu halten.

V. A hat sich zudem durch den Schlag in das Gesicht des D einer Körperverletzung gem. § 223 I StGB strafbar gemacht.

VI. A hat auch eine Nötigung gem. § 240 StGB durch den Schlag vollendet, die aber zurücktritt.

Konkurrenzen: Das Unrecht der Nötigung wird bereits durch den räuberischen Diebstahl erfasst, so dass § 240 StGB hier hinter § 252 StGB zurücktritt. Die Körperverletzung gem. § 223 StGB steht allerdings dazu in Idealkonkurrenz. Die vollendeten Diebstahldelikte stehen zueinander und zu den anderen Delikten in Realkonkurrenz, da sie zwei völlig eigenständige Handlungen beschreiben.

Ergebnis 1. Handlungskomplex: A hat sich gem. § 242 / § 53 / § 252 / § 52 / § 223 StGB strafbar gemacht.

2. Handlungskomplex: Die Flucht

I. Strafbarkeit des B wegen sukzessiver Beihilfe gem. §§ 242, 27 StGB

In Frage käme sukzessive Beihilfe zum Diebstahl §§ 242, 27 StGB durch das Verstecken des A. Die Anwendbarkeit der sukzessiven Beihilfe in Abgrenzung zur Begünstigung ist jedoch umstritten. Nach der herrschenden Meinung und der Rechtsprechung erfolgt die Abgrenzung nach der inneren Willensrichtung des Handelnden. Will er den Erfolg der Haupttat fördern, ist eine Beihilfe einschlägig. Will er den Vortäter vor Entziehung der Beute schützen, liegt Begünstigung vor. Eine Diebstahlsbeendigung in dem Krämerladen kommt vorliegend nicht in Frage. B hat A versteckt, damit dieser nicht gefunden wird. Dies kann noch nicht als Hilfe zum erfolgreichen Abschluss von A's Diebstahl gesehen werden. B hat hier zur Sicherung der Vorteile für A gehandelt, mithin scheidet eine Bestrafung wegen sukzessiver Beihilfe aus.

II. Strafbarkeit des B wegen Begünstigung gem. § 257 StGB durch Verstecken des A

B könnte sich einer Begünstigung gem. § 257 StGB strafbar gemacht haben, indem er A in dem Geheimraum versteckte.

1. Objektiver Tatbestand

Eine rechtswidrige Vortat eines anderen liegt mit dem Diebstahl des A vor. Nach der herrschenden Eignungstheorie, ist das Verstecken des A auch objektiv geeignet dem A seine Beute zu sichern und dies war von B auch so gewollt. Die Beute war auch noch vorhanden, mithin liegt auch ein taugliches Sicherungsobjekt vor.

2. Subjektiver Tatbestand

B wusste auch, dass A einen Diebstahl begangen hatte und handelte mit der nötigen Absicht, die Vorteile zu sichern.

Ergebnis 2. Handlungskomplex: B ist strafbar gem. § 257 StGB.

3. Handlungskomplex: Zu Hause

I. Eine Strafbarkeit des A wegen Hehlerei gem. § 259 I StGB scheidet aus, da der Täter einer für § 259 I StGB nötigen Vortat niemals Hehler sein kann.

II. Strafbarkeit des H gem. § 259 I StGB

H könnte sich gem. § 259 I StGB strafbar gemacht haben, indem er dem A die Sache abkaufte.

Der Ring und das Kollier sind taugliche Tatobjekte, die durch die rechtswidrige Tat eines anderen erlangten Sachen. H ist auch ein anderer im Sinne der Vorschrift. Weiter ist als Tathandlung hier das Ankaufen einschlägig. Dies geschah auch einverständlich mit A, welcher H auch die tatsächliche Verfügungsgewalt über die Sache eingeräumt hat. Zudem handelte H mit Wissen und Wollen hinsichtlich aller erörterten objektiven Tatbestandsmerkmale und mit der nötigen Bereicherungsabsicht.

Anmerkung: Die Hehlerei verletzt das Vermögen dergestalt, dass die rechtswidrige Vermögenslage durch die Hehlerei aufrechterhalten wird. Nach herrschender Meinung muss zudem die Hehlerei zeitlich nachfolgen, was hier gegeben ist. Mit Ankommen des A in seinem Haus trat außerdem die Beutesicherung ein, der Diebstahl war beendet. Die Hehlerei ist danach Anschlusstat im Sinne des Zeitpfeils. Die Prüfung ist relativ unkompliziert und kann schnell abgehakt werden.

Ergebnis 3. Handlungskomplex: H ist strafbar gem. § 259 I StGB.

V.   Die verfassungsrechtliche Fallklausur

Lektion 14: Das Gutachten

Für die öffentlich-rechtliche Fallklausur ist charakteristisch, dass sie meist einem relativ starren Aufbau folgt. Die vorstehenden Ausführungen zu den beiden anderen Rechtsgebieten können somit nur bedingt nach hier übertragen werden. So geht es im öffentlichen Recht, namentlich dem nun zu behandelnden Verfassungsrecht, nicht um das systematische Durchprüfen verschiedener gesetzlicher Bestimmungen, sondern vielmehr um das Suchen und Finden des richtigen Aufbauprinzips bzw. der richtigen rechtlichen Grundlagen zum geschilderten Sachverhalt. Der richtige Aufbau der Klausur spielt also auch im öffentlichen Recht eine entscheidende Rolle.

Im Zuge dessen haben sich im öffentlichen Recht ein Fülle an Prüfschemata zum gesamten Prüfungsstoff entwickelt, die in jedem Fall einen wichtigen Leitfaden für die Lösung einer Klausur darstellen. Jedoch sollte nicht jedes öffentlich-rechtliche Gutachten stur und voreilig in ein solches Schema gepresst werden, es sollte vielmehr bei der Auswahl des jeweiligen Schemas und vor allem bei der Prüfung auf Ausnahmen geachtet werden. Zudem sei an dieser Stelle darauf hingewiesen, dass die Schemata sich nicht aus ungeschriebenen Grundlagen entwickelt haben, sondern vielmehr auf Grundlage des Gesetzes. Es ist daher prinzipiell möglich – sollte man in der Aufregung der Klausur die Prüfungsreihenfolge vergessen haben – sich für die richtige Prüfung am Gesetz „entlang zu hangeln". Um dies zu gewährleisten ist es ratsam, die am Ende des Kapitels aufgeführten Prüfschemata unter Zuhilfenahme des Gesetzestextes zu reflektieren und zu verinnerlichen.

In Fallklausuren des öffentlichen Rechts und im Verfassungsrecht im Speziellen, besteht das Gutachten meistens in der Prüfung eines Verfahrens vor dem Bundesverfassungsgericht (z.B. Organstreitverfahren oder abstrakte Normenkontrolle) eines Rechtsbehelfs (z.B. Verfassungsbeschwerde) bzw. in einer materiellen Grundrechtsprüfung oder der Prüfung der Verfassungsmäßigkeit eines Gesetzes. Für den grundsätzlichen Aufbau einer öffentlich-rechtlichen Fallklausur ist folgendes zu merken:

Übersicht 12: Methodische Grundsätze im Verfassungsrecht

Methodische Prüfgrundsätze für Verfahren und Verfassungsmäßigkeit

Die Prüfung eines **Verfahrens** oder eines **Rechtsbehelf** untergliedert sich immer in:

– **Zulässigkeit**

– **Begründetheit**

Jede Prüfung der **Verfassungsmäßigkeit** untergliedert sich immer in die Punkte

– **formelle Verfassungsmäßigkeit**

> (Zuständigkeit, Verfahren, Form)

– **materielle Verfassungsmäßigkeit**

> (kein Verstoß gegen
>
> – **spezielle Regelunge**n des Grundgesetzes,
>
> – gegen **Grundrechte** oder
>
> – gegen andere **Werte von Verfassungsrang**).

Lektion 15: Sachverhalt und Schwerpunkt

Wie in jeder anderen Fallklausur ist bei öffentlich-rechtlichen Klausuren die Fragestellung genau zu beachten. Meist wird zwar die Fallfrage eindeutig ausfallen (z.B.: „Wird eine Verfassungsbeschwerde des A Erfolg haben?", „Prüfen Sie die Verfassungsmäßigkeit des Gesetzes!"), mitunter können dagegen auch unklare Fallfragen auftreten. Hierbei ist nach einem dem zivilrechtlichen Fragesatz „Wer will was vom wem woraus?" ähnlichem Prinzip, nach dem Begehren der Beteiligten zu fragen. Dabei können auch durchaus praktische Überlegungen eingreifen; man versetzt sich in die Rolle eines Rechtsbeistandes und versucht, den Interessen des jeweiligen Beteiligten bestmöglich (eventuell unter Einbeziehung praktischer Gesichtspunkte) gerecht zu werden.

▰▰ Fall 11

Ein trotz fehlender Zustimmung neu beschlossenes Gesetz wird vom Bundesrat für verfassungswidrig gehalten. Welche Möglichkeiten und welche Erfolgsaussichten bestehen, gegen das Gesetz vorzugehen?

Die Mitglieder des Bundesrates könnten einerseits ein Organstreitverfahren gem. Art. 93 I Nr. 1 GG, §§ 13 Nr. 5, 63 ff. BVerfGG bemühen. Das Bundesverfassungsgericht kann dann zwar einen etwaigen Verfassungsverstoß feststellen, jedoch bedeutet dies keinesfalls die Nichtigkeit des Gesetzes. Grundsätzlich ist bei der Frage nach der Verfassungsmäßigkeit eines Gesetzes an eine abstrakte Normenkontrolle gem. Art. 93 I Nr. 2 GG, §§ 13 Nr. 6, 76 ff. BVerfGG zu denken (mit diesem Verfahren würde bei Verstoß gegen die Verfassung das Gesetz wohl für nichtig erklärt werden), die jedoch nicht vom Bundesrat bemüht werden kann (§ 76 BVerfGG). Um der offenen Fallfrage nach Möglichkeit gerecht zu werden, wäre jedoch zu überlegen, dass im Bundesrat eine Landesregierung ausgesucht wird, die eine Normenkontrolle bemüht. Insofern wäre zur richtigen und vollständigen Beantwortung ein Organstreit und eine Normenkontrollklage (unter Aufgreifen der obigen Überlegung) zu prüfen.

Ist im Sachverhalt nur und ausdrücklich nach der materiellen Rechtslage gefragt, ist von prozessualen Ausführungen abzusehen. Diese wären überflüssig und falsch. Sind sie jedoch bei vollständig offener Fragestellung im Sinne der richtigen Schwerpunktbildung unverzichtbar und zur richtigen Einordnung der Interessenlage der Beteiligten erforderlich, sollten sie nicht weggelassen werden. Jedoch sei hier auch noch einmal darauf hingewiesen, dass Unproblematisches durchaus kurz abgehandelt werden muss und keinesfalls zu breit dargestellt werden darf.

Wichtig ist, in diesem Zusammenhang darauf zu achten, dass auch das einer Bearbeitung zu Grunde liegende Schema nicht Punkt für Punkt vollständig abgearbeitet wird, sondern vielmehr unproblematische Punkte in dem jeweiligen Schema weggelassen bzw. optimiert werden. Jedes Prüfschema ist bloße gedankliche Aufbauhilfe, kein Allheilmittel und keine Erfolgsgarantie. Unter dieser Voraussetzung muss jeder Sachverhalt auf seine Eigenheiten hin überprüft werden, wobei die erlernten Schemata den Leitfaden für einen variablen Denkprozesses bilden. Das zumindest ist der Idealfall. Einzelheiten zur empfohlenen Anwendung der Prüfschemata folgen später.

Lektion 16: Besonderheiten

Eine Besonderheit bildet das Gebiet des öffentlichen Rechts mit der Anfertigung so genannter „Hilfsgutachten". Dahinter verbirgt sich ein Prüfungsinstrument, das dem Bearbeiter bei Ablehnung der Zulässigkeit eines Verfahrens die Möglichkeit eröffnet, dessen Begründetheit trotzdem weiter zu prüfen. Der eigentliche Gedanke darin betraf ursprünglich Fälle, die die Unzulässigkeit wie auch die Zulässigkeit eines Verfahrens in vertretbarer Form vorsahen. Im öffentlichen Recht ist dies im studentischen Alltag zwar vergleichsweise selten anzunehmen. Das bedeutet jedoch, dass die Unzulässigkeit eines Verfahrens nicht gleich das Ende der Bearbeitung darstellt. Zudem eröffnet das Hilfsgutachten daneben die Möglichkeit nach einem eventuellen Prüfungsfehler in der Zulässigkeit, mit einer guten hilfsgutachterlichen Begründetheitsprüfung die „Minuspunkte von oben" wieder reinzuholen.

Es ist aber auch an dieser Stelle ein Vergleich durchzuführen, ob das Hilfsgutachten wirklich notwendig ist. Hilfsweise Erörterungen die letztlich nur Überflüssigkeiten verbreitern und keinerlei substantielle Argumentationen fördern, sind stets zu unterlassen. Wichtig ist, darauf sei noch einmal hingewiesen, dass alle rechtlichen Probleme des Sachverhalts erörtert wurden, die Schablone „Sachverhalt" auf das Gutachten passt. Ist dem so, kann auf ein Hilfsgutachten in jedem Fall verzichtet werden.

Die Methodik der Fallbearbeitung im öffentlichen Recht ist neben den genannten Aspekten variabel. Es ist insofern nicht möglich, allgemeingültige Regeln bzgl. der Fallbearbeitungstechnik zu konstatieren, die den Prüfungserfolg gewährleisten oder die die Wahrscheinlichkeit, zu guten Ergebnissen zu gelangen, bedingungslos erhöhen. Gerade im öffentlichen Recht ist das Anhäufen materiellen Wissens von entscheidender Bedeutung. Argumentative Dichte und Stimmigkeit bei der Lösung rechtlicher Probleme in öffentlich-rechtlichen Klausuren lassen sich nur so erreichen. Daneben ist auch die Arbeit mit und an dem Gesetz von essentieller Wichtigkeit. Schemata und Prüfungsaufbau, das sei an dieser Stelle noch einmal gesagt, sind nur die halbe Miete. Zum erfolgreichen und guten Bestreiten der Fallklausuren braucht es auch im öffentlichen Recht eine Vielzahl verschiedener Leistungen. Darauf sei deswegen so deutlich hingewiesen, weil das öffentliche Recht schnell von Studenten auf das Auswendiglernen der Schemata begrenzt wird. Es muss darauf ankommen, die Anwendung jeder einzelnen Leistung zu sichern. Variables und umfassendes Wissen gepaart mit methodischen Kenntnissen versprechen dabei beste Aussichten auf Erfolg.

Für Klausuren im öffentlichen Recht ist das Beherrschen der Prüfschemata eine große Hilfe, keinesfalls aber dürfen sie unflexibel und unreflektiert abgerufen und übertragen werden.

Lektion 17: Prüfschemata

In Anschluss an den methodischen Teil folgen nun einige ausgesuchte Prüf- und Aufbauschemata. Das öffentliche Recht ist doch trotz aller gepredigten rechtlichen und gedanklichen Flexibilität das Rechtsgebiet, dass noch am ehesten als „schemafest" bezeichnet werden kann. Gerade in den Anfangssemestern und bei den ersten großen „Gutachtenerfahrungen" gibt die Beherrschung eines solchen Schemas Sicherheit und ist treuer Gefährte auf dem Weg zu den ersten Erfolgen. Es erleichtert den sinnvollen und strukturell richtigen Einsatz des erlernten Wissens bedeutend.

Nennen Sie immer alle Normen, und zwar in jedem Prüfungspunkt. Studenten neigen dazu, das Gesetz bzw. die einschlägigen Normen in ihrem Gutachten zu vergessen, zumindest aber nicht aufzuschreiben. Das kostet viele Punkte! Sprechen Sie auch jeden Prüfungspunkt an, ggf. in einem Satz, wenn er unproblematisch ist. Im öffentlichen Recht verbessert das Ihre Bearbeitung, da Sie eine zusammenhängende Struktur zeigen.

Die Verfassungsbeschwerde

Zunächst ist die Verfassungsbeschwerde zu behandeln. Sie ist vor allem in den Anfangssemestern wohl die am meisten abgefragte und behandelte Rechtsfigur. Das genaue Kennen der einzelnen Prüfungspunkte und vor allem die Herleitung aus dem Gesetz ist unverzichtbar. Der Obersatz der Prüfung einer Verfassungsbeschwerde lautet immer:

„Die Verfassungsbeschwerde gem. Art. 93 I Nr. 4 GG, §§ 13 Nr. 8a, 90 ff. BverfGG hat Erfolg, wenn sie zulässig und begründet ist." Erster Gliederungspunkt ist immer die Zulässigkeit (A. Zulässigkeit).

Die Prozessfähigkeit kann insbesondere bei Minderjährigen problematisch sein (z.B.): Die Grundrechtsmündigkeit bei Art. 4 GG tritt gem. § 5 RelKErzG mit 14 Jahren ein. Die Ehefähigkeit in Art. 6 I GG bestimmt sich gem. § 1303 BGB.

Ein besonderer Fall der Prozessfähigkeit ist im Falle einer beteiligten GmbH gegeben. Da die Prozessfähigkeit gewissermaßen die Fähigkeit ist, tatsächlich im Gerichtssaal zu stehen, muss die GmbH vertreten werden.

Das Gesetz regelt dies in § 35 GmbHG, ihr Vertreter ist der Geschäftsführer.

Ein tauglicher Beschwerdegegenstand bezieht alle Akte der legislativen, judikativen und exekutiven Gewalt mit ein, sogar auch das Unterlassen. Dies geht aus den §§ 92, 95 I 1 BVerfGG hervor.

Sind die ersten Prüfungspunkte hinter sich gebracht, entstehen an dieser Stelle im Prüfungsaufbau zwei unterschiedliche Prüfungswege der Verfassungsbeschwerde: Gegen **Legislativakte** die **Rechtssatzverfassungsbeschwerde**, gegen **Judikativakte** die **Urteilsverfassungsbeschwerde**. Die Bedeutung dieses Unterschieds erschließt sich im folgenden Prüfungspunkt der Beschwerdebefugnis (eine Verfassungsbeschwerde gegen Akte der Exekutive kommt äußerst selten vor und eine gesonderte Erwähnung soll daher unterbleiben). Im Rahmen der Beschwerdebefugnis ist bei der Rechtssatzverfassungsbeschwerde die Selbstbetroffenheit sowie die unmittelbare und gegenwärtige Betroffenheit des Beschwerdeführers **immer** zu problematisieren. Bei der Urteilsverfassungsbeschwerde fällt dieser Punkt oft sehr knapp aus).

Nennen Sie die Betroffenheit jedoch bei der Urteilsverfassungsbeschwerde auch, indem Sie einen Satz formulieren: „Der Beschwerdeführer ist auch selbst, gegenwärtig und unmittelbar betroffen." Wie ausgeführt wird im öffentlichen Recht viel Wert auf Vollständigkeit bzw. Lückenlosigkeit gelegt.

Leider müssen Sie sich an dieser Stelle vergegenwärtigen, dass bei der Korrektur Ihrer Klausuren der jeweilige Korrektor für Sie eine große Unbekannte in Ihrer Benotung darstellt. Was allerdings weit überwiegend gilt ist, dass Sie bei gutem Problembewusstsein und wenn Sie gut Schwerpunkte setzen immer einen guten Eindruck machen, wenn Sie unproblematische Prüfungspunkte im Zulässigkeitsablauf nicht vollständig weglassen. Solange Sie es bei einem Satz lassen, werden Ihnen zumindest keine Punkte abgezogen. Auch Korrektoren, die generell die „Würze in der Kürze" sehen, werden Ihnen schnelles Abhandeln unproblematischer Punkte dann positiv anrechnen, wenn Sie überzeugend an problematischer Stelle umfangreich prüfen. Mit dieser Klausurtaktik sollten Sie allermeistens gut fahren.

Prüfschema 3: Zulässigkeit der Verfassungsbeschwerde (1. Teil)

I. Zuständigkeit des BVerfG —— Art. 93 I Nr. 4a GG, § 13 Nr. 8a BVerfGG

II. Ordnungsgemäßer Antrag —— §§ 23 I, 92 BVerfGG
(nur bei Anlass prüfen)

III. Beteiligtenfähigkeit —— § 90 I BVerfGG
(Beschwerdeführer = Grundrechtsträger?)
„jedermann", der in Grundrechten oder in grundrechtsgleichen Rechten verletzt sein kann; Art. 19 III GG für jur. Personen

IV. Prozessfähigkeit
(Grundrechtsmündigkeit, GmbH nur bei Anlass prüfen)

V. Beschwerdegegenstand —— § 90 I BVerfGG
(„Akt der öffentlichen Gewalt")
Gesetze, Gerichtsurteile
(außer des BVerfG)
(eigentlich auch: Verwaltungsakte)

In den nachfolgenden Prüfungspunkten ist darauf zu achten, dass gegen Gesetze in der Regel kein Rechtsweg gegeben ist, so dass auch dieser Prüfungspunkt möglichst knapp ausfallen sollte. Jedoch kann sich eine Verfassungsbeschwerde auch bspw. gegen Rechtsverordnungen richten, gegen die regelmäßig durchaus andere hoheitliche Prüfungsmöglichkeiten bestehen (z.B. Inzidenterprüfung in verwaltungsgerichtlicher Klage).

Prüfschema 3: Zulässigkeit der Verfassungsbeschwerde (2. Teil)

VI. Beschwerdebefugnis Der Beschwerdeführer muss **selbst**, **gegenwärtig** und **unmittelbar** betroffen sein. (In der Regel nur bei Rechtssatzverfassungsbeschwerden relevant)	§ 90 I BVerfGG
Selbstbetroffenheit: Beschwerdeführer muss Verletzung in eigenen Rechten geltend machen (z.B. keine Popularbeschwerde)	
Gegenwärtig: Der Beschwerdeführer ist schon oder noch betroffen; nicht gegeben, wenn Verletzung in ungewisser Zukunft.	
Unmittelbar: Es darf kein weiterer staatlicher Vollzugsakt nötig sein, um die gesetzliche Regelung greifen zu lassen.	
VII. Rechtswegerschöpfung und Subsidiarität (Ausnahme: § 90 II 2 BVerfGG bei allgemeiner Bedeutung oder drohenden Nachteilen)	§ 90 II 1 BVerfGG
VIII. Frist Rechtssatzverfassungsbeschwerden: 1 Jahr, § 93 III BVerfGG Urteilsverfassungsbeschwerden: 1 Monat, § 93 I BVerfGG	§ 93 BVerfGG

Für die Beschwerdebefugnis ist die Behauptung einer Grundrechtsverletzung durch den Beschwerdeführer notwendig: Eine solche Grundrechtsverletzung muss möglich sein (Möglichkeitstheorie); Ausgeschlossen ist daher die Beschwerdebefugnis nur, wenn der angegriffene Akt offensichtlich keine Grundrechtsrelevanz entfaltet. Bei der Urteilsverfassungsbeschwerde wird teilweise das Geltendmachen einer spezifischen Grundrechtsverletzung verlangt (z.B. durch das Verfahren sind Grundrechte oder grundrechtsgleiche Rechte verletzt worden; es wurden in der Entscheidungsfindung grundrechtswidrige Normen angewandt)

Die Rechtswegerschöpfung unter Punkt VII. des Schemas bedeutet Folgendes:

Es gilt die vorrangige Inanspruchnahme des Primärrechtsschutzes. Das meint, dass zunächst der Zug durch die einzelnen Instanzen beschritten werden muss bzw. alle prozessualen Möglichkeiten zur Beseitigung der möglichen Rechtsgutsverletzung zu beanspruchen sind. Gegen Gesetze ist aber in der Regel kein Rechtsweg gegeben.

Bezüglich der Prüfung der Subsidiarität der Verfassungsbeschwerde gilt:

Nach Erschöpfung des Rechtsweges ist die Urteilsverfassungsbeschwerde die letzte Möglichkeit effektiven Rechtsschutzes (bei entsprechendem Beschwerdegegenstand), so dass die Subsidiaritätsprüfung obsolet wird. Bei der Rechtssatzverfassungsbeschwerde ist regelmäßig zu prüfen, ob eventuell eine Inzidenterkontrolle des Gesetzes (oder sonstigem zulässigen Beschwerdegegenstand) durch die Fachgerichte in Frage kommt (z.B. Feststellungsklage gem. § 43 VwGO, wenn sich Beschwerdeführer gegen eine Rechtsverordnung wendet).

Lassen sich in der gutachterlichen Prüfung alle in den Schemata aufgeführten Punkte bejahen, ist eine Verfassungsbeschwerde zulässig. Das bedeutet, dass das Bundesverfassungsgericht sich überhaupt erst mit den zu Grunde liegenden rechtlichen Problemen, die der Beschwerdeführer vorgebracht hat, beschäftigen wird. Diese Überprüfung findet in der Begründetheitsprüfung der Verfassungsbeschwerde statt, Gliederungspunkt B. Begründetheit:

Der Obersatz der Begründetheitsprüfung jeder Verfassungsbeschwerde lautet: „Die Verfassungsbeschwerde ist begründet, wenn der Beschwerdeführer durch den Rechtsakt in einem seiner Grundrechte oder grundrechtsgleichen Rechte verletzt ist." Eine Rechtssatzverfassungsbeschwerde ist begründet, wenn der angegriffene Rechtssatz (auch RVO oder Satzung möglicher Beschwerdegegenstand!) nicht verfassungsgemäß ist. Für die Urteilsverfassungsbeschwerde gilt: Das BVerfG ist keine Superrevisionsinstanz und prüft grundsätzlich nur spezifische Verfassungsverletzungen, also nicht die richtige Anwendung des einfachen Rechts durch die Instanzgerichte. Der grundsätzliche Umfang einer Grundrechtsprüfung findet sich in nachfolgendem Schema:

Prüfschema 4: Grundrechtsprüfung

I. Eingriff in den Schutzbereich

1. Eröffnung des Schutzbereichs?
– sachlicher Schutzbereich betroffen?
(Art. 13 GG, „Wohnung")
– persönlicher Schutzbereich betroffen?
(Art. 8 GG, „Alle Deutschen"...)

2. Grundrechtsfähigkeit des Betroffenen?
(Art. 19 III GG für jur. Personen)

3. Durch Eingriff?
(Klassische Definition: Jeder hoheitliche Rechtsakt, der zielgerichtet und unmittelbar die Beeinträchtigung eines Grundrechts bei einem Grundrechtsträger bedeutet)
(nach neuerer Definition auch mittelbarer Eingriff möglich)

II. Verfassungsrechtliche Rechtfertigung

1. Schranken
Verfassungsimmanente Schranken
(Grundrechte Dritter und Verfassungswerte)
Gesetzesvorbehalte
(einfach: Art. 8 II GG; qualifiziert: Art. 5 II GG)
Verfassungsunmittelbare Schranke (Art. 9 II GG)

2. Schranken – Schranken
Eingriff von Schranken umfasst?

Die Begründetheitsprüfung einer Verfassungsbeschwerde bedeutet für den Bearbeiter, dass er nach dem Grundrechtsprüfungsaufbau (siehe vorstehendes Schema) umfassend die etwaige Verletzung von Grundrechten oder grundrechtsgleichen Rechten zu prüfen hat. Bei der Prüfung einer Rechtssatzverfassungsbeschwerde, und wenn der Grundrechtseingriff in einem Gesetz oder Teil eines Gesetzes besteht, muss selbstverständlich das Gesetz auf seine Verfassungsmäßigkeit geprüft werden. Es ist zunächst notwendig, dass ein eingreifendes Gesetz existiert und formell verfassungsgemäß ist. In der materiellen Verfassungsmäßigkeit muss geprüft werden, ob das Gesetz den allgemeinen Anforderungen der Verfassung genügt sowie von den entsprechenden Einschränkungsmöglichkeiten gedeckt und verhältnismäßig ist (Übermaßverbot: „Nicht mit Kanonen auf Spatzen schießen"). Letzteres erfolgt nach dem Schema auf Prüfschema 7, die ganze Prüfung ist unter dem Gliederungspunkt „Schranken – Schranken" verortet.

Besteht der Eingriff in einem Akt der öffentlichen Gewalt (und ist kein Gesetz), so dass die Urteilsverfassungsbeschwerde einschlägig ist, erfordert dieser Eingriff auf Grund von Art. 20 III GG eine wirksame (und daher auch zu prüfende Rechtsgrundlage), die verfassungskonform angewendet wurde. Letzteres fordert vor allem die Prüfung der Verhältnismäßigkeit des Einzelaktes. Dieser Prüfungsblock ist, wie die Prüfung der Verfassungsmäßigkeit des Gesetzes bei der Rechtssatzverfassungsbeschwerde, nach der Grundrechtsprüfung unter dem Gliederungspunkt der „Schranken – Schranken" anzusiedeln.

Beachte! Für die Urteilsverfassungsbeschwerde ist zudem darauf hinzuweisen, dass eventuell das in den vorausgehenden Urteilen angewendete Recht (Rechtsgrundlagen auf die der Akt öffentlicher Gewalt gestützt wurde) mitgeprüft werden muss, wenn eine sinnvolle Beurteilung ohne eine solche Prüfung nicht möglich wäre. Grundsätzlich ist das Bundesverfassungsgericht aber keine Superrevisionsinstanz und prüft einfaches Recht nicht in diesem Rahmen, wie oben bereits ausgeführt.

Prüfschema 5: Verhältnismäßigkeitsprüfung

Die Prüfung der Verhältnismäßigkeit gliedert sich immer in folgende Prüfungspunkte:

1. Legitimer Zweck:

Ein legitimer Zweck ist gegeben, wenn die Maßnahme dem Allgemeinwohl bzw. dem guten Leben aller in der allgemeinen Freiheit dienen soll und dieser Zweck nicht rechtswidrig ist.

2. Geeignetheit (des zur Zweckerreichung eingesetzten Mittels):

Geeignet ist ein Mittel, wenn es den verfolgten Zweck zumindest fördert.

3. Erforderlichkeit:

Erforderlich ist eine Maßnahme, wenn sie von allen gleichermaßen wirksamen Mitteln das mildeste ist.

4. Angemessenheit:

Die Maßnahme ist angemessen, wenn die Schwere des Grundrechtseingriffs nicht außer Verhältnis zum verfolgten Zweck steht. (Hier geschieht eine Abwägung, ob die durch die Maßnahme herbeigeführten Nachteile (deutlich) größer sind, als diejenigen, die durch sie abgewendet werden sollen.)

Das Organstreitverfahren

Das Organstreitverfahren ist auch wichtiger Prüfungsstoff in den Anfangssemestern. Gibt es Differenzen bezüglich der Auslegung des Grundgesetzes auf Grund von Streitigkeiten über Kompetenzen oder Pflichten eines Bundesorgans oder Teile desselben, ist das Organstreitverfahren einschlägig. Der Obersatz eines Organstreitverfahrens lautet: „Das Organstreitverfahren gem. Art. 93 I Nr. 1 GG, §§ 13 Nr. 5, 63 ff. BVerfGG hat Erfolg, wenn es zulässig und begründet ist." Die Prüfung gestaltet sich nach bekanntem Aufbau von Zulässigkeit und Begründetheit. Zu beginnen ist mit der Zulässigkeit (Gliederungspunkt A. Zulässigkeit).

Prüfschema 6: Zulässigkeit des Organstreitverfahrens

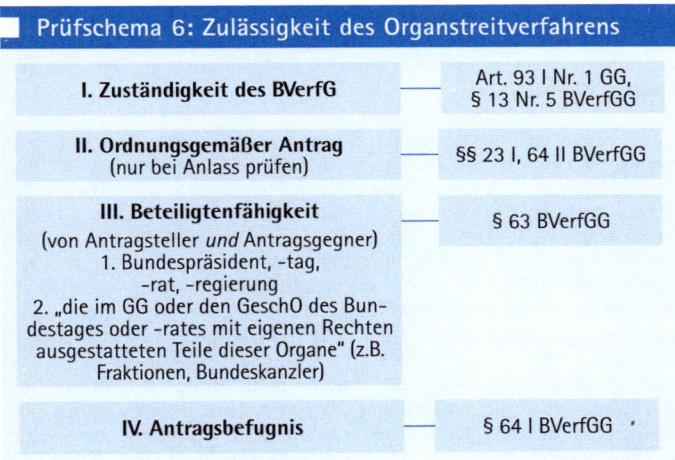

I. Zuständigkeit des BVerfG	Art. 93 I Nr. 1 GG, § 13 Nr. 5 BVerfGG
II. Ordnungsgemäßer Antrag (nur bei Anlass prüfen)	§§ 23 I, 64 II BVerfGG
III. Beteiligtenfähigkeit (von Antragsteller *und* Antragsgegner) 1. Bundespräsident, -tag, -rat, -regierung 2. „die im GG oder den GeschO des Bundestages oder -rates mit eigenen Rechten ausgestatteten Teile dieser Organe" (z.B. Fraktionen, Bundeskanzler)	§ 63 BVerfGG
IV. Antragsbefugnis	§ 64 I BVerfGG

Für die Antragsbefugnis gilt folgendes. Der Antragsteller muss geltend machen: „... er oder das Organ, dem er angehört ..." (Prozessstandschaft) ist „... durch Maßnahme oder Unterlassung des Antragsgegners ..." in seinen ihm durch das Grundgesetz übertragenen Rechten oder Pflichten verletzt. (Die Maßnahme muss also rechtserheblich sein und die Verletzung muss sich aus Normen des Grundgesetzes ergeben. Einfaches Recht oder Geschäftsordnungen reichen hier nicht).

Hinweis: *Das Wort „Grundgesetz" im Gesetzestext des § 64 I BVerfGG unterstreichen!*

Beachte! Parteien sind nur als am Verfassungsleben „Beteiligte" (Art. 93 I Nr. 1 GG, § 13 Nr. 5 BVerfGG) beteiligtenfähig, nicht als Teil des Bundestages!

In der Begründetheitsprüfung (Gliederungspunkt: B. Begründetheit) ist zu untersuchen, ob die gerügte Maßnahme gegen eine Bestimmung des Grundgesetzes verstößt und ob eine Rechtsverletzung des Antragstellers in eigenen, durch das Grundgesetz übertragenen Rechten, vorliegt. Der

Obersatz der Begründetheitsprüfung eines Organstreitverfahrens lautet also: „Das Organstreitverfahren ist begründet, wenn die Maßnahme des Antragsgegners gegen das GG verstößt und den Antragsteller in seinen Rechten verletzt."

Ein häufiger Irrtum von jungen Studenten liegt darin, dass in diesem Verfahren Grundrechte geprüft werden. Das ist ein kapitaler Fehler! Grundrechte sind in erster Linie Abwehrrechte des Bürgers gegen den Staat. In einem Organstreitverfahren geht es gerade darum (wie der Name schon sagt), dass ein Organ der Verfassung bzw. des Staates (oder ein Teil desselben) ein Begehren gegen ein anderes hat. Es darf also nur Verfassungsrecht Prüfungsgegenstand sein, das eben diese Organe direkt betrifft. In der Begründetheit des Verfahrens ist daher sauber nach der Gutachtentechnik die jeweilig einschlägige Vorschrift „durch-zusubsumieren". Methodische Hilfen sind dabei schwer, da es sich um eine Vielzahl von Vorschriften handeln kann. (Beispiel: Unterlässt der Bundespräsident die Ausfertigung eines vom Bundestag rechtmäßig beschlossenen Gesetzes, kann der Bundestag die Verletzung seines Rechtes auf Gesetzgebung aus Art. 77 GG geltend machen.) Hier gilt es, den Gutachtenstil zu beherrschen und eine nachvollziehbare und genaue Prüfung abzuliefern.

Verfassungsmäßigkeit eines Bundesgesetzes

Schließlich ist die Prüfung der Verfassungsmäßigkeit eines Bundesgesetzes zu beschreiben. Dies ist wichtiger Prüfungsstoff, der unbedingt erlernt werden muss, um gute Ergebnisse in Klausuren zu gewährleisten. Die im nachfolgenden Schema dargestellte Prüfung der formellen Verfassungsmäßigkeit sollte man sich auf jeden Fall gut einprägen, sie ist essentiell für das Verständnis der Gesetzgebung. Nach der formellen Verfassungsmäßigkeit (Gliederungspunkt: A. Formelle Verfassungsmäßigkeit) folgt die materielle Verfassungsmäßigkeit (Gliederungspunkt: B. Materielle Verfassungsmäßigkeit).

Prüfschema 7: Verfassungsmäßigkeit eines Bundesgesetzes

I. Gesetzgebungskompetenz des Bundes

Ausschließliche Gesetzgebung
Art. 73 i.V.m. 71 GG

Regelungsmaterie unter eine Nummer in Art. 73 GG subsumierbar?

auch z.B. Art. 59 II GG

Abweichungsregelungen betroffen?

In Art. 72 II GG sind Materien aufgezählt, in denen Länder abweichende Regelungen treffen können.
Beachte Art. 72 III 3 GG.

Konkurrierende Gesetzgebung
Art. 74 (i.V.m.) 72 GG

Bund zuständig, wenn Regelungsmaterie unter eine Nummer in Art. 74 GG subsumierbar. Beachte Erfordernis des Art. 72 II GG in einigen Fällen.

auch: Art. 105 II GG

Ungeschriebene Kompetenz
– Annexkompetenz?
– Kraft Sachzusammenhang?
–Kraft Natur der Sache?

II. Verfahren

1. Einleitungsverfahren
– Gesetzesinitiative,
Art. 76 I GG
Bundesregierung
Mitte des Bundestages,
Bundesrat
– Vorverfahren Art. 76 II, III GG

2. Hauptverfahren
– ordnungsgemäße Beratung,
§ 78 GOBT
– wirksamer Gesetzesbeschluss,
Art. 77 I GG
– ordnungsgemäße Beteiligung des Bundesrates, Art. 77 II, 78 GG

Anschließend erfolgt das Abschlussverfahren gem. Art. 82 GG. Es enthält die Gegenzeichnung, die Ausfertigung und die Verkündung. Es ist insoweit die inoffizielle Prüfung der verfassungsmäßigen „Form" des Gesetzgebungsverfahrens. Das sei hier nur erwähnt, um den wiederholt propagierten Grundsätzen gerecht zu werden.

Die materielle Verfassungsmäßigkeit beinhaltet folgende Prüfung: Zunächst muss festgestellt werden, dass kein Verstoß gegen Staatsprinzipien aus Art. 20, 28 GG vorliegt. Besonders klausurträchtig ist in diesem Zusammenhang ein eventueller Verstoß gegen das Rückwirkungsverbot. Danach folgt die Prüfung, ob das Gesetz gegen Grundrechte verstößt (siehe Prüfschema 6). Und schließlich ist bei Anlass zu prüfen, ob ein Verstoß gegen sonstige Verfassungswerte vorliegt.

Das obige Schema beschreibt den empfohlenen Prüfungsaufbau hinsichtlich der formellen Verfassungsmäßigkeit von Bundesgesetzen. Zu beachten ist, dass der denklogische Ablauf hinsichtlich der Kompetenz immer bei Art. 73 GG beginnt. Grundsätzlich liegt zwar die Gesetzgebungskompetenz bei den Ländern, Art. 70 I GG. Damit jedoch ein Gesetz unter die Bundeskompetenz fällt, benötigen Sie eine geschriebene Ausnahme dieses Grundsatzes, die Sie in den Art. 73 ff. GG finden können. Prüfen Sie immer sehr genau, ob die zur Frage stehende Regelungsmaterie unter eine der Vorschriften zu subsumieren ist. Der Auslegungsspielraum der einzelnen Nummern der Artikel ist mitunter nicht zu unterschätzen!

Beachte! Es sei darauf hingewiesen, dass ein Verstoß gegen die in § 78 GOBT vorgeschriebenen Anzahl von drei Lesungen nicht zwingend einen Verstoß bedeutet, der gleichzeitig die Verfassungswidrigkeit des Gesetzes bedingt (im Prüfungspunkt des Hauptverfahrens festzustellen). Diese ist erst gegeben, wenn eine demokratische Gesetzgebung in Frage steht. Die GOBT ist bloßes Innenrecht! Hier liegt ein häufiger Stolperstein in Klausuren.

■■■ Fall 12
(nach BVerfGE 7, 198; Lüth)

Der bekannte Filmregisseur A, der gleichzeitig NPD-Funktionär ist und unter anderem auch religiös anstößige und politisch fragwürdige Filme produziert hat sowie durch ausländerfeindliche Texte aufgefallen war, bewirbt einen seiner neu fertiggestellten Filme. Der Vorsitzende (B) eines bedeutenden Presseclubs erklärt zu A und dessen Film in seiner Neujahrsansprache, dass das „feindselige Wirken" des „Propagandabeauftragten der NPD" geeignet sei, „diktatorische und längst überwundene Werte zu fördern". Jeden Bürger treffe daher die Pflicht, Film und Regisseur, über den einfachen Protest hinaus aktiv zu boykottieren.

Folge der Ansprache sind erhebliche Umsatzeinbußen der C-GmbH, Verleiherin des neuen Films des A. Die C-GmbH erwirkt daher gegen B ein auf § 826 BGB gestütztes Urteil, durch das B zur Unterlassung seiner

Protestaufrufe verpflichtet wird. B beruft sich in jenem Prozess auf seine Meinungs- und die Pressefreiheit. Die von B gegen dieses Urteil eingelegten Rechtsmittel bleiben erfolglos. Was kann B unternehmen?

Bearbeitervermerk: Die Verfassungsmäßigkeit von § 826 BGB ist zu unterstellen.

B könnte gegen das letztinstanzliche Urteil Verfassungsbeschwerde vor dem Bundesverfassungsgericht einlegen. Diese hätte Erfolg, wenn sie zulässig und soweit sie begründet wäre.

Anmerkung: Eine Verfassungsbeschwerde ist entweder zulässig oder nicht, so dass Sie hier schreiben „wenn sie zulässig ist". Eine Verfassungsbeschwerde kann jedoch auch teilweise begründet sein, so dass sie Erfolg hat „soweit sie begründet ist".

A. Zulässigkeit der Verfassungsbeschwerde

I. Zuständigkeit

Die Zuständigkeit ergibt sich aus Art. 93 I Nr. 4a GG i. V. mit §§ 13 Nr. 8a, 23, 90 ff. BVerfGG.

Anmerkung: Es ist immer sinnvoll die Zuständigkeit als ersten Prüfungspunkt der Zulässigkeitsprüfung zu bringen. Damit Sie sich hinsichtlich der einschlägigen Vorschriften nicht wiederholen, sollten Sie daher im Obersatz auf das Nennen der Zuständigkeitsvorschriften verzichten.

II. Beteiligtenfähigkeit

B kann als natürliche Person Träger von Grundrechten im Sinne des § 90 I BVerfGG sein, mithin „jedermann im Sinne" der Vorschrift. B ist damit beteiligtenfähig.

Anmerkung: Diese ersten beiden Punkte sind unproblematisch und können im Urteilsstil oder im verkürzten Gutachtenstil abgearbeitet werden. Achten Sie darauf, dass für den Fall, dass eine juristische Person des Privatrechts Beschwerdeführer ist, bei der Beteiligtenfähigkeit Art. 19 Abs. 3 GG benannt werden muss.

III. Beschwerdegegenstand

Es müsste ein tauglicher Beschwerdegegenstand i.S.d. § 90 I BVerfGG vorliegen. Bei dem letztinstanzlichen zivilgerichtlichen Urteil gegen B handelt es sich um einen Akt der öffentlichen Gewalt (Judikative), mithin um einen tauglichen Beschwerdegegenstand (vgl. §§ 94 III, 95 II BVerfGG); einzubeziehen sind auch die Entscheidungen der Vorinstanzen.

IV. Beschwerdebefugnis

B müsste ferner beschwerdebefugt sein. Gemäß § 90 I BVerfGG müsste er dazu behaupten, in einem seiner Grundrechte oder grundrechtsgleichen Rechte verletzt zu sein; die behauptete Grundrechtsverletzung müsste möglich erscheinen, sie darf also nicht offensichtlich ausgeschlossen sein.

1. Behauptung

B wendet sich mit seiner Verfassungsbeschwerde gegen ein zivilgerichtliches Urteil. Dabei ist zu beachten, dass dem Bundesverfassungsgericht nicht die Aufgabe einer „Superrevisionsinstanz" zukommt. Die Verfassungsbeschwerde ist ein außerordentlicher Rechtsbehelf und dient nicht dazu, die richtige Anwendung einfachen Rechts durch die Fachgerichte zu prüfen. Das Bundesverfassungsgericht verlangt daher für die Zulässigkeit einer Verfassungsbeschwerde, dass eine spezifische Verletzung von Verfassungsrecht gerügt werden muss. B rügt nicht eine fehlerhafte Anwendung von § 826 BGB, sondern behauptet, dass bei der Entscheidungsfindung sein Grundrecht aus Art. 5 I 1 GG verletzt worden sei.

Anmerkung: Das BVerfG prüft im Rahmen einer Verfassungsbeschwerde nicht die Anwendung des einfachen Rechts durch die Fachgerichte. Es prüft nur, ob eine spezifische Verletzung von Verfassungsrecht vorliegt. Eine solche ist im Allgemeinen gegeben, wenn

– grundrechtlicher Schutz bei Anwendung eines Gesetzes von dem Fachgericht übersehen wurde (also auch bei Anwendung einer verfassungswidrigen Rechtsgrundlage)

– grundrechtlicher Schutz zwar erkannt wurde, aber Schutzbereich, Schranken oder Verhältnismäßigkeit falsch bewertet wurde

Es ist immer auf die Justizgrundrechte und grundrechtsgleiche Rechte zu achten. Auch ein Verstoß gegen diese Artikel fällt unter den Begriff der „spezifischen Verfassungsverletzung".

2. Möglichkeit

Die Grundrechtsverletzung müsste möglich erscheinen. Dazu ist Voraussetzung, dass das erkennende Zivilgericht überhaupt verpflichtet war, bei seiner Entscheidungsfindung die Grundrechte des B zu beachten. Zivilgerichte sollen Rechtsstreitigkeiten zwischen Privaten entscheiden, so dass zu überprüfen ist, ob Grundrechte, die primär Abwehrrechte des Bürgers gegen den Staat darstellen, bei der Entscheidung beachtet werden müssen. Dies betrifft die sog. „Drittwirkung der Grundrechte".

Exkurs: Welche Funktionen von Grundrechten lassen sich unterscheiden?

– Abwehrrechte des Bürgers gegen den Staat (status negativus): Anspruch des Bürgers auf Unterlassen eines staatlichen Handelns

– Leistungsrechte (status positivus): Anspruch des Bürgers auf staatliches positives Tun (auch Teilhabe an Leistungen, die anderen gewährt wurden)

– Gestaltungsrechte (status activus): Recht auf Teilhabe am Gemeinwesen

– Die Grundrechte als Ganzes strahlen auf die Gesamtrechtsordnung aus und geben einen Maßstab der objektiven Werteordnung im Staat

– Einrichtungsgarantien: Öffentlich-rechtliche institutionelle Garantien (z.B. Selbstverwaltungsrecht der Gemeinden, Art. 28 GG) und Privatrechtliche Institutsgarantien (z.B. Eigentum, Erbrecht Art. 14 GG). Die Einrichtungsgarantien sichern den Schutz (vor einfachgesetzlichen Änderungen) bestimmter „Rechtsgüter". Unjuristisch meint es z.B. bezogen auf Art. 14 GG, dass jeder Mensch überhaupt das Recht besitzt, Privateigentum zu begründen. Dieses ist so vor ungerechtfertigter staatlicher Übernahme geschützt. Nicht geschützt ist aber abstrakt ein Institut als solches. Geschützt ist der Grundbestand an Normen, die die jeweilige Grundstruktur der Garantie sicherstellen.

Mit Blick auf die klassische Funktion der Grundrechte als Abwehrrechte wäre denkbar, dass Grundrechte im Privatrechtsverkehr keine Bedeutung entfalten. Die Gerichte hätten die Grundrechte des B außer Acht lassen dürfen. Dagegen spricht schon, dass diese Ansicht mit der Einheit der Rechtsordnung nicht vertretbar wäre. Es wäre ebenso denkbar, dass den Grundrechten im Privatrechtsverkehr unmittelbare (Dritt-)Wirkung zukäme. Die Zivilgerichte hätten dann die Grundrechte des B bei der Entscheidungsfindung berücksichtigen müssen.

Die herrschende Auffassung erkennt eine mittelbare Drittwirkung der Grundrechte an. Die Grundrechte verpflichten zwar zunächst den Staat, sie nehmen aber als Basis einer objektiven Wertordnung durch sog. Generalklauseln und unbestimmte Rechtsbegriffe Einfluss auf das Privatrecht. Der Begriff der „guten Sitten" in § 826 BGB stellt einen unbestimmten Rechtsbegriff dar, bei dessen Auslegung (Definition- und Bedeutungsfindung des Begriffs) die Wertordnung des Grundgesetzes und der Grundrechte eine richtungsweisende Rolle spielen. Die Zivilgerichte hatten also die Grundrechte des B zu berücksichtigen.

Anmerkung: Grundsätzlich wäre hier ein klassischer Meinungsstreit mit Darstellung der einzelnen Auffassungen und Stellungnahme (Achtung: Möglichst den Begriff „Streitentscheid" bei der Darstellung von Meinungsstreitigkeiten vermeiden, da einige Korrektoren diesen Begriff als anmaßend empfinden: Der Jurastudent sei nicht in der Lage, einen jahrzehntelangen juristischen Streit in einer Klausur „en passent" beizulegen. Denken Sie sich Ihren Teil zu diesem Hinweis, schreiben Sie aber einfach „Stellungnahme".) darzustellen. Dieser Streit über die mittelbare Grundrechtswirkung ist gleichwohl so „abgenudelt", dass Sie die Darstellung wie oben verkürzen können.

Es ist überdies nicht von vornherein auszuschließen, dass bei der Entscheidungsfindung Bedeutung und Tragweite des Grundrechtes des Art. 5 GG von dem erkennenden Gericht falsch eingeschätzt wurden. B ist im Falle des Urteils auch selbst, unmittelbar und gegenwärtig betroffen. Die behauptete Verletzung des Grundrechts aus Art. 5 I 1 GG scheint möglich, so dass B beschwerdebefugt ist.

Anmerkung: Den Satz zur eigenen, gegenwärtigen und unmittelbaren Betroffenheit können Sie bei der Urteilsverfassungsbeschwerde auch weglassen. Bei der Rechtssatzverfassungsbeschwerde liegt hierauf gleichwohl ein Schwerpunkt. Schreiben Sie ihn aber ruhig hin. Wenn Sie dies bei der Urteilsverfassungsbeschwerde nicht problematisieren, ist es in Ordnung. Kommen Sie aber keinesfalls auf die Idee, bei einer Urteilsverfassungsbeschwerde mehr als diesen einen Satz zu schreiben.

Anmerkung: Ist eine juristische Person Beschwerdeführer gibt es in Anlehnung an die Anmerkung oben zur Beteiligtenfähigkeit eine Besonderheit: Art. 19 III GG spricht inländischen juristischen Personen des Privatrechts die Grundrechtsfähigkeit nur insoweit zu, als das betreffende Grundrecht seinem Wesen nach auf juristische Personen anwendbar ist. Die müssen Sie bei Vorliegen einer juristischen Person problematisieren. „Inländisch" verlangt nach einem Aktionszentrum im Inland, eine „juristische Person" ist eine Vereinigung (auch bspw. Vereine oder Organisationen), die als solche Zuordnungssubjekt von Rechten und Pflichten sein kann. Eine „wesensmäßige Anwendbarkeit" liegt vor, wenn die vom Grundrecht geschützte Tätigkeit auch von Personenvereinigungen ausgeführt werden kann: Ein „personales Substrat" muss vorhanden sein (die Bildung und Betätigung der Vereinigung ist Ausdruck der freien Entfaltung der dahinter stehenden natürlichen Personen) und eine grundrechtsgleiche Gefährdungslage (einer natürlichen Person vergleichbare Gefährdungslage) muss vorliegen.

V. Rechtswegerschöpfung

Den Rechtsweg hat B, wie § 90 II BVerfGG dies verlangt, gem. Sachverhalt erschöpft.

VI. Form, Begründung, Frist

Die Beachtung der Form- und Begründungsvorschriften der §§ 23, 92 BVerfGG sowie der 1-Monats-Frist des § 93 I BVerfGG ist mangels gegenteiliger Informationen im Sachverhalt zu unterstellen.

Die Verfassungsbeschwerde des B ist zulässig.

B. Begründetheit

Die Verfassungsbeschwerde ist begründet, soweit das angefochtene Urteil den B tatsächlich in seinem Grundrecht aus Art. 5 I 1 GG verletzt.

I. Schutzbereich

Der persönliche Schutzbereich des Grundrechts aus Art. 5 GG ist eröffnet, B ist Träger des Grundrechts. Fraglich ist, ob die Äußerung des B vom sachlichen Schutzbereich dieses Grundrechts erfasst wird. „Meinung" im Sinne von Art. 5 I 1 GG ist das Ergebnis wertender Denkprozesse.

Anmerkung: Im Gegensatz zur Tatsache, die einen Umstand beschreibt, der dem Beweis zugänglich ist.

In der Aussage des B liegt eine Wertung hinsichtlich Person und Werk des A sowie darüber, wie man sich mit Blick auf den Film des A zu verhalten habe, so dass eine Meinung des B abgegeben wurde. Allerdings schützt Art. 5 I 1 GG die freie Meinungsäußerung um einen freien Diskurs und Austausch von Meinungen zu gewährleisten. B will mit seinem Aufruf dagegen verhindern, dass sich Zuschauer mit dem Wirken des A auseinandersetzen. Insofern könnten Sinn und Zweck des Art. 5 I 1 GG zu einer engeren Auslegung des Schutzbereichs verpflichten. B ist jedoch nicht aktiv dafür verantwortlich, dass der Film des A nicht gesehen wird. Es bleibt der freien Entscheidung des Einzelnen überlassen, ob er sich den Film ansieht. Damit ist die Äußerung des B vom Schutzbereich des Grundrechts der Meinungsfreiheit aus Art. 5 I 1 GG erfasst.

II. Eingriff

Ein Eingriff liegt vor, wenn die Grundrechtsbeeinträchtigung hoheitlichem Handeln zugerechnet werden kann. Dies betrifft auch mittelbare, faktische und nicht-finale Grundrechtsbeeinträchtigungen, die zumindest auf hoheitliches Handeln rückführbar sind. B wird durch das Urteil verpflichtet, den gestarteten Aufruf zu unterlassen. Hierdurch kann er seine Meinungsfreiheit nicht mehr im vollen Umfang ausüben. Ein Eingriff liegt vor.

III. Verfassungsrechtliche Rechtfertigung

Der Eingriff ist verfassungsrechtlich gerechtfertigt, wenn er im Rahmen der Einschränkungsmöglichkeiten liegt, die die Verfassung an Eingriffe dieser Art stellt.

1. Gesetzesvorbehalt

Das betroffene Grundrecht sieht gem. Art. 5 II GG als Einschränkungsmöglichkeiten einen qualifizierten Gesetzesvorbehalt vor. Ein einschränkendes Gesetz muss danach, ein allgemeines Gesetz sein. Ein allgemeines Gesetz liegt immer dann vor, wenn sich das einschränkende Gesetz nicht auf eine bestimmte Meinung als solche bezieht, sondern dem Schutze allgemeiner Rechtsgüter dient und eine Meinung allenfalls zufällig trifft. § 826 BGB dient ganz allgemein dem Schutz vor vorsätzlichen sittenwidrigen Schädigungen und ist damit ein allgemeines Gesetz in diesem Sinne, das insoweit den Anforderungen des qualifizierten Gesetzesvorbehalts in Art. 5 II GG genügt.

2. Verfassungsmäßigkeit der Eingriffsermächtigung
Dieses Gesetz müsste seinerseits verfassungsmäßig, mithin formell und materiell verfassungsgemäß sein. Die Verfassungsmäßigkeit des § 826 BGB ist gem. Bearbeitervermerk zu unterstellen.

Anmerkung: Sollte ein entsprechender Bearbeitervermerk nicht vorliegen, ist es ratsam, auch bei den „bekannten und bewährten" Normen aus dem StGB oder BGB eine vollständige Prüfung von formeller und materieller Verfassungsmäßigkeit vorzunehmen. Nennen Sie in jedem Fall die Gesetzgebungsermächtigung (Zuständigkeit) mit Normen! Bei der Prüfung der Verhältnismäßigkeit in der materiellen Verfassungsmäßigkeit der Eingriffsermächtigung ist dann auf die generelle Zielrichtung der Vorschrift abzustellen.

3. Verfassungsmäßigkeit des Einzelakts
Die gerichtliche Einzelentscheidung auf Grundlage des § 826 BGB müsste schließlich einen verhältnismäßigen Eingriff in das Grundrecht des B aus Art. 5 I GG darstellen. Aufgrund der Bedeutung des Grundrechts aus Art. 5 I GG dürfen allgemeine Gesetze im Sinne des Art. 5 II GG und auf ihnen fußende Maßnahmen die Meinungsfreiheit nicht schlechthin beschränken; jede Einschränkung der Meinungsfreiheit muss im Lichte der Bedeutung des Grundrechts aus Art. 5 I 1 GG betrachtet werden (sog. Wechselwirkungslehre).

Anmerkung: Zur Prüfung der „materiellen Verfassungsmäßigkeit" gehört eigentlich mehr als die Prüfung der Verhältnismäßigkeit. Gleichwohl setzen viele Studenten in den Anfangssemestern diese Begriffe geradezu gleich. Nehmen Sie zur Kenntnis, dass auch Werte wie das Rechtsstaats-

prinzip als solche, das Demokratieprinzip und viele andere verfassungsrechtliche Prinzipien oder Regeln in diesen Prüfungspunkt gehören.

a) Legitimer Zweck

Ein legitimer Zweck ist gegeben, wenn die Maßnahme dem Allgemeinwohl bzw. den Rechten des Einzelnen oder dem guten Leben aller in der
allgemeinen Freiheit dienen soll und dieser Zweck nicht rechtswidrig
ist. Das Gerichtsurteil verfolgt wirtschaftlichen Interessen der C-GmbH
als Verleiherin des Films des A. Nur daneben kann das Urteil auch als
Beitrag zur Filmfreiheit angesehen werden (Art. 5 I 2 GG).

b) Geeignetheit

Geeignet ist ein Mittel, wenn es den verfolgten Zweck zumindest fördert. Das Unterlassungsurteil ist geeignet, einer weiteren Schädigung
der Interessen der X-GmbH vorzubeugen.

c) Erforderlichkeit

Das Unterlassungsurteil müsste das mildeste, gleich wirksame Mittel
gewesen sein. Mildere Mittel sind nicht ersichtlich, das Urteil war
erforderlich.

d) Angemessenheit

Die Maßnahme ist angemessen, wenn die Schwere des Grundrechtseingriffs nicht außer Verhältnis zum verfolgten Zweck steht. Laut
Sachverhalt sind die Einnahmen der C-GmbH als Folge der Meinungsäußerung des B zurückgegangen. Darin liegt eine nicht unerhebliche
Beeinträchtigung wirtschaftliche Interessen in nicht bloß unerhebli-
chem Maße und belastet ebenso die Filmfreiheit.

Gleichwohl besteht kein Anspruch eines Regisseurs, dass ein Filme auch
Zuschauer findet. Die bewusste und freiwillige Entscheidung eines potentiellen Rezipienten, einen Film nicht anzuschauen, kann die Filmfreiheit
nicht beeinträchtigen; B hat sich an jene Bevölkerungsgruppe gerichtet
und keinen Zwang ausgeübt.

Eine Filmverleiher, der inhaltlich problematische Filme oder solche, die
von öffentlich diskutierten Personen geschaffen wurden, veröffentlicht,
muss damit rechnen, dass dieser Film oder der Regisseurs rezensiert oder
bewertet wird. B wies in seiner Neujahrsansprache auf die Verantwortung
des A hin, wohingegen dieser sich ebenso hätte öffentlich äußern können.

Dies ist eben die Grundlage der öffentlichen Meinungsbildung, deren Schutz das Grundrecht aus Art. 5 I 1 GG sichern soll.

Daher muss das Unterlassungsurteil gegen bei Beachtung der Bedeutung der freien Meinungsäußerung für ein freiheitliches und demokratisches Zusammenleben, als unverhältnismäßig bewertet werden.

C. Ergebnis

Das Urteil verletzt B in seinem Grundrecht aus Art. 5 I 1 GG. Die Verfassungsbeschwerde ist daher zulässig und begründet.

VI.　Die verwaltungsrechtliche Fallklausur

Lektion 18: Einführung in das Verwaltungsrecht

Viele Studenten beschleicht ein Gefühl des Unbehagens, wenn sie sich dem Bereich des Verwaltungsrechts nähern. Die Materie gilt landläufig als äußerst trocken und undurchsichtig. Lassen Sie dieses Gefühl gar nicht erst zu! Das Verwaltungsrecht ist zwar ein sehr weitläufiges Gebiet, es ist jedoch sehr verständlich und strukturiert. Das erkennt man, wenn man Klausuren und Klausurvorbereitung individuell richtig angeht.

> Fremde Rechtsmaterie erschließt sich gut durch strukturierte und konzentrierte Bearbeitung. Lesen Sie das Gesetz genau und lesen Sie Paragrafen immer zu Ende!

Natürlich kann auf Grund des beschränkten Umfangs das folgende Kapitel nur eine strukturelle Anweisung zur Falllösungstechnik im allgemeinen Verwaltungsrecht darstellen. Vom materiellen Recht bzw. vom besonderen Verwaltungsrecht (wie z.B. allgemeines und besonderes Gefahrenabwehrrecht, Beamtenrecht oder Kommunalrecht) sowie vom Prozessrecht können hier entsprechend nur Grundzüge behandelt werden. Hinsichtlich dieser Rechtsgebiete wird auf die einschlägigen Lehrbücher, z.B. zum Einstieg auf Verwaltungsrecht – *leicht gemacht®*, verwiesen.

Verwaltungsrecht ist der Bereich in der Rechtswissenschaft, der sich im weitesten Sinne mit dem Handeln der Exekutive (ausführende Gewalt, also der der Zweiten Gewalt im Staat) befasst. Im Verwaltungsrecht ist daher regelmäßig die Rechtmäßigkeit des Handelns einer Behörde (bzw. eines ihrer Mitarbeiter) rechtlich zu untersuchen, aber auch die Prüfung des Verhaltens einzelner hoheitlich handelnder Personen (z.B. Polizeibeamter) oder des Vorgehens von Organ(teil)en einer Gemeinde kann Klausuraufgabe sein (z.B. Ratsbeschluss, nach dem ein Abgeordneter von der Mitwirkung ausgeschlossen wird, sog. Kommunalverfassungsstreit). Daneben kommt als Aufgabe vor, dass ein Bürger ein Handeln oder eine Leistung von einer Behörde verlangt. Und zu guter Letzt ist es möglich, dass sich eine Behörde rechtlich „auf die Ebene des Bürgers begibt", und mit ihm einem Verwaltungsvertrag schließt, so dass das staatliche

Handeln nicht einseitig hoheitlich, sondern zweiseitig verpflichtend von statten geht – fast wie im Zivilrecht.

Dass sich die Aufgabenstellungen so vielseitig gestalten, hat mit den drei verschiedenen Verwaltungsarten zu tun, die schon bei oberflächlicher Betrachtung einen Unterbau mit viel Substanz vermuten lassen: „Eingriffsverwaltung" (Eingriffe in subjektive öffentliche Rechte, insbesondere Grundrechte, durch Hoheitsträger; zu den subjektiven öffentlichen Rechten siehe unten), „Leistungsverwaltung" (Subventionen oder Zuschüsse durch Hoheitsträger; aber ggf. auch Energielieferung) und „Fiskalverwaltung" (Kauft eine Behörde beispielsweise Toilettenpapier für Ihren Behördenapparat bei einem Großhandel, handelt sie privatrechtlich und damit auf gleichgeordneter Ebene wie ein Bürger bzw. eine juristische Person des Zivilrechts).

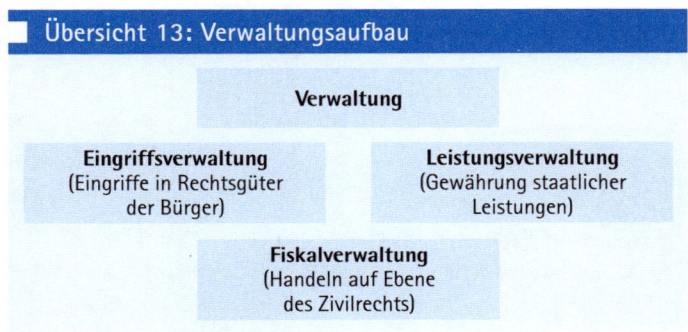

Übersicht 13: Verwaltungsaufbau

Verwaltung

Eingriffsverwaltung
(Eingriffe in Rechtsgüter der Bürger)

Leistungsverwaltung
(Gewährung staatlicher Leistungen)

Fiskalverwaltung
(Handeln auf Ebene des Zivilrechts)

Je nachdem welcher Sachverhalt rechtlich zu begutachten ist und was die Klausuraufgabe ist, hält das für Studenten relevante Verwaltungsrecht ein vergleichsweise umfangreiches Repertoire an verschiedenen Rechtsbehelfen, Klagen und Verfahrensbestimmungen bereit. Die gute Nachricht dabei: Die Prüfung fast aller Rechtsbehelfe bzw. Klagen gliedert sich grundsätzlich – wie im Verfassungsrecht – in die Prüfung von Zulässigkeit und Begründetheit. In der Begründetheit ist Ihre Aufgabe vielfach das Suchen, Finden und schließlich das Nennen der einschlägigen Ermächtigungsgrundlage, gefolgt von der geradezu profan wirkenden Prüfung der formellen und materiellen Rechtmäßigkeit. Merken Sie sich daher schon jetzt und einmal mehr, dass sich die Prüfung der formellen Rechtmäßigkeit einer Maßnahme auch im Verwaltungsrecht (fast) immer in die Prüfungsschritte „Zuständigkeit" – „Verfahren" – „Form", die Prüfung der materiellen Rechtmäßigkeit einer Maßnahme sich in die Schritte „Tatbestandsvoraussetzungen der Ermächtigungsgrundlage" und „Rechtsfolge der Ermächtigungsgrundlage" untergliedert. Zu den Prüfungsschritten im Einzelnen unten. Der Prüfungsweg richtet sich jedoch entscheidend nach der Handlungsform der ausführenden Gewalt. Daher beginnen wir mit einer kurzen Einführung und grenzen dann folgend die verschiedenen, für das Studium der Rechtswissenschaften interessanten, Formen prägnant voneinander ab.

Lektion 19: Materie des Verwaltungsrechts

■■■ Fall 13

Der Polizeibeamte P findet bei einem seiner Streifengänge zu seiner Verärgerung einen mitten in einer Feuerwehrzufahrt geparkten PKW vor. Er möchte das Fahrzeug umgehend abschleppen lassen. Was sind die Voraussetzungen, damit P dies rechtmäßiger Weise tun darf?

Die für das Verwaltungsrecht einschlägige Materie und vor allem klausurrelevante Materie findet sich für das allgemeine Verwaltungsrecht im Wesentlichen im VwVfG (Verwaltungsverfahrensgesetz) und in der VwGO (Verwaltungsgerichtsordnung). Das besondere Verwaltungsrecht hält zudem je nach Fachmaterie einen umfangreichen Katalog bundes- und landesgesetzlicher Regelungen bereit. Die zu prüfende Fachmaterie ergibt sich bei der Klausurbewältigung entweder direkt aus dem Sachverhalt oder aber aus den Umständen des Einzelfalles. Ein Teil der Klausuraufgabe ist es immer, auch das einschlägige und damit passende Fachrecht zu finden. Denken Sie hinsichtlich der einschlägigen Rechtsmaterie jedoch nicht zu kompliziert, meist liegt die richtige Lösung näher, als Sie es selbst für möglich halten. Das Besondere am Verwaltungsrecht und der positive Faktor für Studierende sind, dass verwaltungsrechtliche Aufgabenstellungen sehr gesetzesnah zu lösen sind. Das liegt an folgendem Umstand: Unsere Verfassung (= Grundgesetz) schreibt in Art. 20 III GG das Prinzip der Gesetzmäßigkeit der Verwaltung vor. Das bedeutet, dass staatliches Handeln nicht gegen geltendes Recht verstoßen darf (Vorrang des Gesetzes) und bei belastenden oder wesentlichen Maßnahmen einer gesetzlichen Ermächtigungsgrundlage bedarf (Vorbehalt des Gesetzes). Sie können sich schon jetzt merken, dass so gut wie nichts im Verwaltungsrecht ohne eine gesetzlich festgeschriebene Ermächtigung der Exekutive funktioniert.

Das bedeutet für Fall 13, dass es zuerst eine gesetzliche Ermächtigungsgrundlage geben muss, die P erlaubt, die Abschleppmaßnahme vorzunehmen bzw. anzuordnen. Hier geht es um eine Maßnahme im Bereich der Verwaltungsvollstreckung, nämlich die sog. Ersatzvornahme, welche für den Sachverhalt des Fall 13 landesgesetzlich in den jeweiligen Sicherheitsgesetzen kodifiziert ist. Zur Rechtmäßigkeit des Handelns ist weitere Voraussetzung, dass alle Tatbestandsvoraussetzungen der Ersatzvornahme erfüllt sein müssen und das Abschleppen eine zulässige Rechtsfolge darstellt. Beides ist entsprechend der jeweiligen landesrechtlichen Ausgestaltung gegeben.

Nachdem der Aufbau des Verwaltungsrechts beschrieben ist, kommen wir nun zu einzelnen Grundformen staatlichen verwaltungsrechtlichen Handelns.

1. Der Verwaltungsakt

Die wohl klausurträchtigste staatliche Handlungsform ist der Verwaltungsakt. Der Begriff des Verwaltungsakts findet sich in § 35 VwVfG, den Sie bitte in Zusammenhang mit der Lektüre dieses Abschnitts einmal konzentriert lesen. Es handelt sich bei einem Verwaltungsakt also um eine „Maßnahme" „einer Behörde" „auf dem Gebiet des öffentlichen Rechts" zur „Regelung" eines „Einzelfalls" mit „Außenwirkung". Die in Anführungszeichen befindlichen Ausdrücke sind die Tatbestandsmerkmale eines Verwaltungsaktes. Zur Verdeutlichung der Prüfung von Verwaltungshandeln.

▪▪▪ Fall 14

Das Ordnungsamt der Stadt H fordert A mit einem Schreiben dazu auf, einen genau bezeichneten Baum auf seinem Grundstück, dessen Äste weit über den vor A's Haus verlaufenden Gehweg hängen, zu entfernen.

Um herauszufinden, ob es sich bei dem Handeln der Stadt S um einen Verwaltungsakt handelt, führen wir eine Subsumtion des Sachverhalts unter § 35 VwVfG durch. Eine Maßnahme i.S.d. § 35 VwVfG ist *jede zweckgerichtete Handlung.* Dies kann – wie hier – regelmäßig schon im Abschicken eines Schreibens liegen. Eine Behörde ist gem. § 1 II VwVfG *jede Stelle, die Aufgaben der öffentlichen Verwaltung wahrnimmt.* Dies ist hinsichtlich des Ordnungsamtes gegeben. Die Behörde handelt auf dem Gebiet des öffentlichen Rechts, *wenn die Norm, auf die sie sich bei ihrem Handeln stützt, dem öffentlichen Recht angehört.* Die Behörde handelt auf Grundlage der Gefahrenabwehr, im speziellen auf Grundlage der Generalklausel des einschlägigen landesrechtlichen Polizei- und Ordnungsrechts. Eine Regelung liegt vor, *wenn die Maßnahme auf das Herbeiführen einer Rechtsfolge gerichtet ist.* Dies sind als Faustformel: Gebot, Verbot, Rechtsgewährung, Rechtsversagung, Rechtsgestaltung. Hier spricht das Ordnungsamt dem A das Gebot aus, den bezeichneten

Baum auf seinem Grundstück zu entfernen. Ein Einzelfall liegt regelmäßig vor, *wenn der geregelte Fall konkret und individuell ist.* Hier richtet sich das Gebot auf einen einzelnen, konkreten Baum auf dem Grundstück des individuellen Adressaten A.

Exkurs: Im Gegensatz zu einem Verwaltungsakt regeln beispielsweise Gesetze *abstrakt-generelle* Fälle, also eine unbestimmte Zahl möglicher Sachverhalte und Adressaten. Bitte lesen Sie in diesem Zusammenhang aber § 35 S. 2 VwVfG, der die „Allgemeinverfügung" regelt. Auch dabei handelt es sich um eine konkret-individuelle Regelung. Der Grund liegt in der „Bestimmbarkeit" des Personenkreises oder in einer der Alternativen in § 35 S. 2 2.Alt und 3. Alt VwVfG. Letzteres betrifft vor allem die Widmung und die Verkehrsschilder, die nach den genannten Alternativen Allgemeinverfügungen und mithin Verwaltungsakte darstellen.

Letztes Tatbestandsmerkmal des Verwaltungsaktes ist die Außenwirkung. Sie ist gegeben, wenn die Maßnahme *an eine außerhalb der Verwaltung stehende Person gerichtet ist.* Hinsichtlich des A ist dies gegeben. Die Außenwirkung ist regelmäßig dann zu problematisieren, wenn sich eine Maßnahme an Personen, die innerhalb eines verwaltungsrechtlichen Sonderverhältnisses stehen, richtet (Schüler, Soldaten, ...). Merken Sie sich hierzu in aller Kürze, dass Außenwirkung dann vorliegt, wenn die Person in ihrem *Grundverhältnis* betroffen ist, also die Person als Träger eigener Rechte betroffen ist (Entlassung eines Beamten). Ist dagegen das *Betriebsverhältnis* betroffen, sind also Maßnahmen zu prüfen, die lediglich die Tätigkeit im Betriebsablauf konkretisieren, lehnen Sie die Außenwirkung ab (Umsetzung). Abschließend ist festzuhalten, dass das Ordnungsamt der Stadt H einen Verwaltungsakt an A erlassen hat.

Zu weiteren Aufbauregeln und der Prüfung der Rechtmäßigkeit eines (belastenden) Verwaltungsaktes lesen Sie bitte unten die 22. Lektion.

2. Wirksamkeit des Verwaltungsakts – Die Bekanntgabe

▆▆ Fall 15

A ist Eigentümer eines PKW, auf das er Blaulichte montiert hat, damit ihm im Straßenverkehr von anderen Verkehrsteilnehmern wohlverdienter Respekt zukommt. Die zuständige Behörde fordert A mit Schreiben auf, die Blaulichte abzunehmen oder das Fahrzeug stillzulegen. Der Brief wird durch die Post in A's Briefkasten eingelegt, während sich dieser auf einer mehrwöchigen Luxuskreuzfahrt befindet. Ist der Verwaltungsakt wirksam?

Ein wichtiger Aspekt des Verwaltungsaktes ist die Bekanntgabe, § 41 VwVfG. Sie ist Voraussetzung für seine Wirksamkeit, § 43 VwVfG. Das bedeutet unjuristisch, dass ein Verwaltungsakt als inexistent angesehen werden muss, wenn der Adressat keine Kenntnis von ihm erlangt hat (Bekanntgabe). Oft wird die Bekanntgabe unproblematisch vorliegen, aber denken Sie immer diese Voraussetzung an. Oftmals werden Probleme in diesem Bereich in Klausuren von den Bearbeitern übersehen. Merken Sie sich zu der Frage der Bekanntgabe, dass ein schriftlicher Verwaltungsakt dann bekanntgegeben ist, wenn der Bescheid mit Wissen und Wollen der Behörde so in den Machtbereich des Empfängers gelangt ist, dass dieser die zumutbare Möglichkeit der Kenntnisnahme hat (entsprechend § 130 BGB). Lesen Sie die Vorschriften der §§ 41, 43 VwVfG nun konzentriert durch und immer dann noch einmal, wenn Sie in Klausuren das Gefühl haben, dass in diesem Bereich eine Falle lauern könnte. Der Gesetzestext hilft in der Regel gut weiter. Bitte nehmen Sie zur Kenntnis, dass die Wirksamkeit getrennt von der Rechtmäßigkeit eines Verwaltungsakts zu beurteilen ist, also im Gutachten einen eigenen Prüfungspunkt darstellt.

A wird jedenfalls die Baulichte von seinem Fahrzeug abbauen müssen (§ 52 III StVZO), denn durch das Einlegen des Behördenschreibens in den Briefkasten des A hat dieser unmittelbaren Besitz erlangt und es ist unter normalen Umständen mit der Kenntnisnahme zu rechnen. Nach der Vorschrift des § 130 BGB gilt der Brief als zugegangen, so dass der Verwaltungsakt bekanntgegeben wurde. Dass A keine tatsächliche Kenntnis hatte, ist wie im Zivilrecht unschädlich.

3. Der Realakt und der Verwaltungsvertrag

In Klausuren müssen Sie regelmäßig den Verwaltungsakt von dem schlichten Verwaltungshandeln (Realakt) oder dem öffentlich-rechtlichen Vertrag abgrenzen. Im Gutachten findet die Abgrenzung in dem Tatbestandsmerkmal statt, das den Unterschied macht. Schlichtes Verwaltungshandeln liegt immer dann vor, wenn dem Handeln das Merkmal der „Regelung" fehlt, durch das hoheitliche Handeln also keine Rechtsfolge gesetzt wird. Dies ist beispielsweise regelmäßig bei Auskünften oder Warnungen hoheitlicher Stellen gegeben. Die übrigen Tatbestandsmerkmale eines Verwaltungsaktes sind allerdings gegeben. Seien Sie hier hinsichtlich Ihres Stils und Aufbaus etwas variabel, setzen Sie auch im kleinen Rahmen bereits Schwerpunkte. Ist lediglich das Merkmal der „Regelung" ernsthaft problematisch, prüfen Sie nicht breit die übrigen Voraussetzungen des § 35 VwVfG, sondern stellen Sie deren Vorliegen kurz und knapp fest und prüfen Sie ausführlich, ob eine Rechtsfolge gesetzt wird.

Die Abgrenzung zum Vorliegen eines öffentlich-rechtlichen Vertrages erfolgt nach den Vorschriften der §§ 54 ff. VwVfG. Ein öffentlich-rechtlicher Vertrag liegt danach vor, wenn der Vertragsgegenstand einerseits inhaltlich öffentlich-rechtlich ausgestaltet ist und er eine zweiseitige, gleichgeordnete Gestaltung rechtlicher Pflichten darstellt. Sollte dies in einer Klausur gegeben sein, ist es Ihre Aufgabe, die Wirksamkeitsvoraussetzungen der einschlägigen Regelungen, insbesondere die Nichtigkeitsgründe des § 59 II VwVfG (bei sog. subordinationsrechtlichen Verträgen) bzw. des § 134 BGB, zu prüfen. Haben Sie die Wirksamkeit bejaht, prüfen Sie entsprechend dem aus dem Zivilrecht bekannten Aufbaumuster (vgl. Prüfschema 2) das Bestehen eines durchsetzbaren Anspruchs aus dem Vertrag, §§ 60 ff. VwVfG. Die saubere Prüfung der Wirksamkeit und des Bestehens des konkreten Anspruchs dürfte in den betreffenden Klausuren fast immer Schwerpunkt sein, so dass Sie hier mit Akribie und guter gutachterlicher Struktur zu Werke gehen müssen.

4. Sonstige Formen

Die Verwaltung ist regelmäßig auch in der Lage abstrakt-generelle Regelungen zu treffen. Sind dies Regelungen mit Außenwirkung handelt es sich um Rechtsverordnungen oder Satzungen. Für den Erlass ist immer eine geeignete gesetzliche Ermächtigungsgrundlage notwendig. Die häufigste Handlungsform, in der die Verwaltung abstrakt-generelle Regelungen ohne Außenwirkung trifft, ist der Erlass von Verwaltungsvorschriften. Merken Sie sich dazu, dass Verwaltungsvorschriften wegen der fehlenden Außenwirkung grundsätzlich keine Rechtswirkung für Bürger entfalten können, jedoch die Verwaltung selbst binden können. Dies geschieht immer bei verwaltungspraktischer Übung. In einem solchen Fall kann ein Betroffener über Art. 3 GG Handeln angreifen, bei dem die Verwaltung von ihrer bisherigen Übung ohne sachlichen Grund abweicht. Dies ist in Klausuren regelmäßig im später zu behandelnden Ermessen relevant. Dieser Bereich ist ein beliebtes Klausurthema! Achten Sie schließlich noch darauf, dass eine Behörde auch privatrechtlich handeln kann (Fiskalverwaltung, siehe oben). In diesem Fall beurteilt sich das Handeln der Behörde regelmäßig allein nach zivilrechtlichen Vorschriften.

Leitsatz 10

Verwaltungsrechtliche Materie

Das Verwaltungsrecht hat ein abgeschlossenes und überschaubares Repertoire an **klausurrelevanter** Materie. Das Verinnerlichen der **verschiedenen Handlungsformen** der Verwaltung bedeutet Sicherheit bei den Klausuren. Überlassen Sie nichts dem Zufall.

Lektion 20: Einführung in das Verfahrensrecht

In einer verwaltungsrechtlichen Klausur gibt es im Wesentlichen zwei verschiedene Typen von Aufgabenstellungen. Entweder wird von Ihnen verlangt, einen Rechtsbehelf zu prüfen, was für Sie bedeutet, Zulässigkeit und Begründetheit des Behelfs zu untersuchen. Oder die Aufgabe besteht für Sie darin, isoliert die Rechtmäßigkeit einer behördlichen Maßnahme – z.B. eines Verwaltungsaktes – ohne prozessrechtliche Einbettung zu prüfen. Die folgende Anleitung geht im Speziellen nur auf den Aufbau der Anfechtungs- und Verpflichtungsklage ein. Dies sind diejenigen Rechtsbehelfe, die in der verwaltungsrechtlichen Klausurpraxis als die Basismaterie angesehen werden können. Alle übrigen Konstellationen werden im Anschluss zusammenfassend erklärt und teilweise bei Abgrenzungsfragen aufgegriffen.

1. Der Aufbau bei Prüfung eines Rechtsbehelfs

Lautet die Fallfrage der Klausur „Prüfen Sie Erfolgsaussichten der Klage des A!" ist Ihre Aufgabe neben der späteren vollständigen Prüfung des einschlägigen Rechtsbehelfs zunächst, den richtigen, dem Begehren des A entsprechenden, Rechtsbehelf zu finden. Die VwGO, die hinsichtlich der prozessrechtlichen Seite des Verwaltungsverfahrens das einschlägige Regelwerk darstellt, hält eine Fülle von Rechtsbehelfen bereit, aus denen Sie in der Klausur den passenden auswählen müssen. Bevor wir jedoch den Einstieg in die jeweiligen aufbautechnischen Besonderheiten machen, vergegenwärtigen wir uns – als Einstiegsvoraussetzung einer verwaltungsrechtlichen Klausurbearbeitung – den Weg zur Verwaltungsgerichtsbarkeit und eine damit zusammenhängende strukturelle Besonderheit.

2. Der Verwaltungsrechtsweg und der 3-stufige Aufbau

▬▬ Fall 16

Die zuständige Behörde untersagt K per Bescheid die Nutzung eines von ihm auf seinem Grundstück errichteten Gartenhauses. Wäre der Verwaltungsrechtsweg bei einer Klage des K eröffnet?

Bei der Prüfung eines verwaltungsrechtlichen Rechtsbehelfs besteht im Gegensatz zur Prüfung beispielsweise von verfassungsrechtlichen Verfahren eine für den Klausurbearbeiter wichtige aufbautechnische Besonderheit. Wie Sie spätestens seit Lektüre der 13. Lektion wissen, ist die Zuständigkeit des Bundesverfassungsgerichts für die einschlägigen Verfahren gesetzlich **enumerativ** aufgeführt. Dagegen müssen Sie in verwaltungsrechtlichen Klausuren die Eröffnung des Verwaltungsrechtsweges (§ 40 VwGO) und die Zuständigkeit des Verwaltungsgerichts (§ 52 VwGO) – mitunter umfangreich – positiv feststellen. Eine weitere Besonderheit ist, dass es sich bei diesen beiden Prüfungspunkten um keine „echten" Zulässigkeitsvoraussetzungen handelt. Dies ergibt sich aus der Vorschrift des § 17a GVG, von dem Sie bitte den ersten und zweiten Absatz einmal **konzentriert lesen**.

Unjuristisch formuliert will Ihnen die Vorschrift sagen, dass im Falle der Nichteröffnung des Verwaltungsrechtsweges (§ 40 VwGO) oder bei Unzuständigkeit des angerufenen Verwaltungsgerichts (§§ 45, 52 VwGO) die eingegangene Klage nicht durch ein Prozessurteil als unzulässig abgewiesen wird – in die Tüte gesprochen: der Kläger also das Verfahren verloren hat und nun Gerichtskosten berappen muss – sondern vielmehr **von Amts wegen** an das zuständige Gericht **abgegeben** wird. Im Klartext: Ist eine Klage beim Verwaltungsgericht eingereicht, aber der Verwaltungsrechtsweg nicht, sondern der Rechtsweg zu den ordentlichen Gerichten eröffnet, ist die Klage nicht unzulässig und wird abgewiesen, sondern es ist gewissermaßen unschädlich, da der Rechtsstreit an das zuständige Gericht verwiesen und **dort weiter geführt** wird.

Die Kenntnis dieser Vorschrift ist für den überzeugenden Aufbau Ihrer Klausuren von **essentieller Bedeutung**, denn aus ihr ergibt sich die Grundlage des sogenannten 3-stufigen Aufbaus. Weil eben auf Grund des § 17a GVG im Falle des Nichtvorliegens der Voraussetzungen der §§ 40, 45 und 52 VwGO der Rechtsstreit nur verwiesen wird, wird in einer verwaltungsrechtlichen Klausur aufbautechnisch grundsätzlich in Punkt „A" die Eröffnung des Verwaltungsrechtswegs und die Zuständigkeit des Verwaltungsgerichts geprüft, in Punkt „B" die Zulässigkeit des jeweiligen Rechtsbehelfs, in Punkt „C" eine eventuelle Klagehäufung und/oder Beiladung (allerdings nur soweit naheliegend) und in Punkt „D" die Begründetheit des Rechtsbehelfs. Wenn Sie sich strikt an diesen Grundaufbau halten, machen Sie jeden Korrektor glücklich.

Zu der Frage, ob nun schließlich der Verwaltungsrechtsweg eröffnet ist, hat sich der grundsätzliche, in folgendem Prüfschema wiedergegebene, Aufbau etabliert.

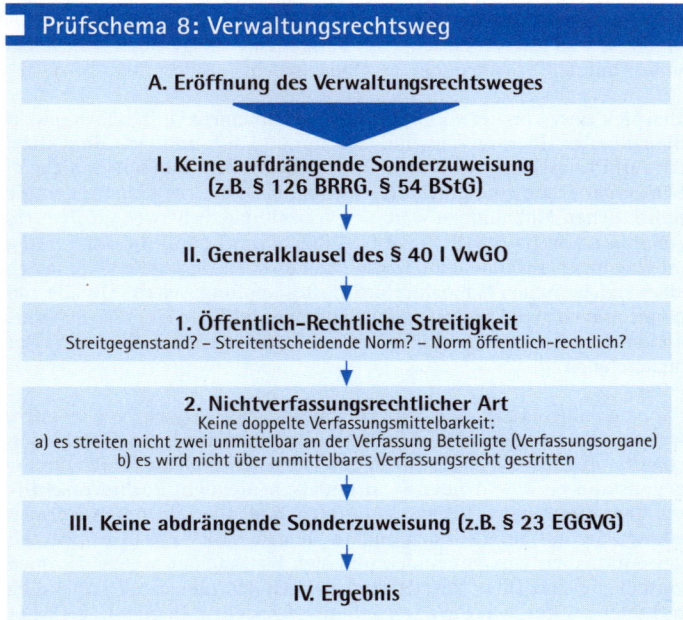

Prüfschema 8: Verwaltungsrechtsweg

A. Eröffnung des Verwaltungsrechtsweges

I. Keine aufdrängende Sonderzuweisung (z.B. § 126 BRRG, § 54 BStG)

II. Generalklausel des § 40 I VwGO

1. Öffentlich-Rechtliche Streitigkeit
Streitgegenstand? – Streitentscheidende Norm? – Norm öffentlich-rechtlich?

2. Nichtverfassungsrechtlicher Art
Keine doppelte Verfassungsmittelbarkeit:
a) es streiten nicht zwei unmittelbar an der Verfassung Beteiligte (Verfassungsorgane)
b) es wird nicht über unmittelbares Verfassungsrecht gestritten

III. Keine abdrängende Sonderzuweisung (z.B. § 23 EGGVG)

IV. Ergebnis

Achten Sie auf die aufdrängende Sonderzuweisung! Vor allem die Vorschriften der §§ 126 BRRG, 54 BStG kommen in Klausuren häufig vor. Achten Sie in der klausurrelevanten Rechtsmaterie immer obligatorisch auf entsprechende Vorschriften, vor allem wenn Sie es mit unbekannter Rechtsmaterie zu tun haben. Der Kernpunkt der Prüfung der Eröffnung des Verwaltungsrechtsweges ist in Klausuren regelmäßig die Frage, ob eine öffentlich-rechtliche Streitigkeit vorliegt. Dies ist deswegen genau zu prüfen, weil Sie so abgrenzen können, ob die einschlägige Rechtsmaterie in der Klausur Öffentliches Recht oder Zivilrecht ist. Eine weitere Besonderheit, die Sie kennen sollten, ist die Vorschrift des § 23 EGGVG (lesen!) bei Klausuren mit ordnungsrechtlichem Einschlag. Dies ist eine abdrängende Sonderzuweisung, die bei sog. Justizverwaltungsakten (Maßnahme zur Strafverfolgung) greift. Sie müssen dann abgrenzen, ob bei dem zu prüfenden hoheitlichen Handeln präventives (dann bei Gefahrenabwehrrecht und Verwaltungsrechtsweg eröffnet) oder repressives (dann ist § 23 EGGVG einschlägig) Eingreifen vorliegt. Stellen Sie dabei immer auf den Schwerpunkt des Handelns ab!

Beispiel: Überschreitet ein Motorradfahrer an einem Unfallschwerpunkt die zulässige Höchstgeschwindigkeit um 60 km/h und lässt die Polizei daraufhin das Krad für einige Tage sicherstellen, handelt es sich im Schwerpunkt um eine präventive Maßnahme. Für eine Klage gegen die polizeilichen Maßnahmen wäre der Verwaltungsrechtsweg eröffnet (in Anlehnung an BayVGH, 10 BV 08.1422). Zwar knüpft die Anordnung an vergangenes Handeln an, es ging hier aber schwerpunktmäßig neben einer erzieherischen Maßnahme um die Bekämpfung weiterer Unfälle und damit präventives Eingreifen der Behörden. Im Falle einer Maßnahme, die das Handlungsunrecht abgelten soll, wäre der repressive Charakter anzunehmen.

Für eine saubere Prüfung bestimmen Sie zunächst so genau wie möglich, was der Streitgegenstand ist (z.B. Abwehr einer Handlung, Unterlassen einer Handlung. ...). Anschließend untersuchen Sie, ob die für den Streitgegenstand entscheidenden (= streitentscheidenden) Rechtsvorschriften dem öffentlichen Recht zuzuordnen sind. Die relevanten Normen können Sie nur herausfinden, indem Sie gedanklich die Begründetheit gewissermaßen vorwegnehmen und sich klarmachen, welche Normen einschlägig sind. Diese Normen sind vielfach unproblematisch öffentlich rechtlicher Natur, was Sie dann lediglich feststellen. In aller Regel ist es nicht notwendig, auf die einschlägigen Theorien (Zuordnungstheorie, Interessentheorie, etc.) einzugehen. In Fällen von Subventionen oder (verlorenen) Zuschüssen können bzw. müssen Sie vielfach auch den actus-contarius- Gedanken („Gewährt durch VA, Genommen durch VA") oder – im Falle der Zwischenschaltung einer zivilrechtlichen Person – die Zwei-Stufen-Theorie fruchtbar machen. Das liegt daran, dass in der Regel keine gesetzlichen Vorschriften existieren, die die Gewährung von Subventionen regeln. Solche Klausuraufgaben erwarten Sie in den allermeisten Fällen in Zusammenhang mit einer Verpflichtungssituation. Merken Sie sich, dass die Prüfung des Verwaltungsrechtsweges jedoch nur dann umfangreich ausfällt, wenn Sie hier ernsthaft Probleme im

Sachverhalt verorten können. Ansonsten arbeiten sie die Voraussetzungen im Urteilsstil oder im verkürzten Gutachtenstil ab. Zur Illustrierung lesen Sie folgenden Lösungsvorschlag.

Im Fall 16 würden Sie höchstens schreiben: Die Eröffnung des Verwaltungsrechtsweges richtet sich mangels aufdrängender Spezialzuweisung nach der Generalklausel des § 40 VwGO. Es müsste sich vorliegend demnach um eine öffentlich-rechtliche Streitigkeit handeln. Das Vorliegen einer solchen beurteilt sich regelmäßig danach, ob die streitentscheidenden Vorschriften öffentlich-rechtlicher Natur sind. Diese stammen vorliegend aus dem Bau- bzw. dem Bauordnungsrecht, welche dem öffentlichen Recht zuzuordnen sind, so dass mithin vorliegend eine öffentlich-rechtliche Streitigkeit zu bejahen ist. Des Weiteren ist die Streitigkeit nichtverfassungsrechtlicher Art und es besteht keine abdrängende Sonderzuweisung. Der Verwaltungsrechtsweg ist gem. § 40 VwGO eröffnet.

Leitsatz 11

!

Prüfungshilfe zum Verwaltungsrechtsweg

Merken Sie sich als **Faustformel**, dass Sie im Zweifel vor allem dann zu dem Ergebnis kommen müssen, dass der Rechtsweg zu den Verwaltungsgerichten **gegeben** ist, wenn sich die einschlägige Rechtsmaterie dem Sartorius bzw. anderen öffentlich-rechtlichen Gesetzessammlungen entnehmen lässt. **Überfrachten** Sie die Prüfung des Verwaltungsrechtswegs also **nicht**. Überlassen Sie wenig zielführende und überlange Theorienstreitigkeiten den anderen!

Lektion 21: Zulässigkeit verwaltungsgerichtlicher Klagen

Die Prüfung der Zulässigkeit der verwaltungsgerichtlichen Klagearten gliedert sich, mit jeweiligen klagespezifischen Besonderheiten, grundsätzlich ähnlich. Die dem jeweiligen Klausursachverhalt entsprechende und damit statthafte Klageart richtet sich nach dem Klagebegehren (§ 88 VwGO) desjenigen, der den Rechtsbehelf einlegt. In den allermeisten Fällen dürften Sie es wohl mit Klausuren zu tun haben, in denen das Klagebegehren klar formuliert ist. Die Frage der statthaften Klageart sollte immer der erste Prüfungspunkt der jeweiligen Zulässigkeitsprüfung sein. Dies gilt auch in Fällen, in denen die Fallfrage das Klagebegehren klar umschreibt („Hat die Anfechtungsklage des A Erfolg?" oder „Hat die Klage des A, mit der er sich gegen den Bescheid der Stadt H richtet, Erfolg?"). Auch dann wird von Ihnen eine Prüfung der statthaften Klageart (§ 42 I VwGO) – wenn auch kompakter als bei offenen Fallfragen – erwartet, in der Sie mögliche Abgrenzungsaspekte nennen. Dass von Ihnen eine genaue und eventuell umfangreichere Abgrenzung erwartet wird, liegt daran, dass dieser Prüfungspunkt die Weichenstellung Ihres Gutachtens darstellt. Wenn Sie eine Klageart wählen, die nicht der Lösungsskizze entspricht, haben Sie wegen der mitunter grundverschiedenen Prüfungsabläufe wenige Chancen auf eine gute Benotung. Bitte nehmen Sie auch unbedingt zur Kenntnis:

> Achten Sie bei der Klausurbearbeitung immer darauf, die einschlägigen Normen bei jedem Prüfungspunkt und -schritt zu nennen. Dies wird gerne vergessen und kostet viele wertvolle Punkte.

1. Wahl der richtigen Klageart

Es gibt vier verschiedene Grundkonstellationen, zwei davon entsprechend den in dieser Lektion besprochenen Klagearten, die Sie sich merken müssen. Möchte der Kläger einen Verwaltungsakt aufgehoben haben, ist die Anfechtungsklage die richtige Klageart. Sie müssen daher im Prüfungspunkt der statthaften Klageart prüfen, ob es sich bei dem angegriffenen hoheitlichen Handeln um einen Verwaltungsakt im Sinne des § 35 VwVfG handelt. Begehrt der Kläger bestimmtes staatliches Handeln, müssen Sie auch hier prüfen, ob das Begehren auf den Erlass eines Verwaltungsaktes zielt. Ist dem so, heißt das für Sie, dass Sie eine Verpflichtungsklage prüfen müssen. Handelt es sich bei dem begehrten Handeln um rein tatsächliches Handeln, ohne notwendigen Erlass eines Verwaltungsaktes, ist für Sie eine Leistungsklage zu prüfen. In übrigen Fällen kommt noch in Frage die **nachrangig** zu prüfende Feststellungsklage, wenn es um das Begehren der Feststellung des Bestehens eines Rechtsverhältnisses geht, oder die Nichtigkeitsklage, wenn es um die Feststellung der Nichtigkeit (nicht: Rechtswidrigkeit!) eines Verwaltungsaktes geht. Auch hier müssen Sie bei der statthaften Klageart die Voraussetzung „Rechtsverhältnis" bzw. „Verwaltungsakt" bejahen können, da sonst die Klage schon mangels Klagegrund nicht einschlägig sein könnte.

Der **grundsätzliche Obersatz** der Prüfung der Erfolgsaussichten einer verwaltungsrechtlichen Klage lautet auf Grund des oben erklärten 3-Stufigen Aufbaus: *„Die Klage des X hat Erfolg, wenn der Verwaltungsrechtsweg eröffnet ist, sie zulässig und (soweit) sie begründet ist."* Stellen Sie bei der Zulässigkeit nicht zu hohe Anforderungen. Sie prüfen hier nur, ob sich das Gericht überhaupt mit dem einschlägigen materiellen Recht befasst. In aller Regel sind Klagen in Klausuren zulässig.

2. Die Anfechtungsklage

Will der Kläger einen Verwaltungsakt aufgehoben haben, ist die Anfechtungsklage die richtige Klageart. Die Zulässigkeit richtet sich dann nach folgendem Schema:

Fall 17

K, der aus **Fall 16** bekannte Eigentümer und Erbauer eines Gartenhauses, möchte nach erfolglosem Widerspruchsverfahren gegen die Nutzungsuntersagung klagen. Wäre K klagebefugt?

Prüfschema 9: Zulässigkeit der Anfechtungsklage

Zulässigkeit der Anfechtungsklage

I. Statthafte Klageart –
richtet sich nach Klagebegehren, § 88 VwGO

II. Klagebefugnis, § 42 II VwGO
Bei Anfechtungsklagen ergibt sich die Klagebefugnis für Adressaten eines belastenden Verwaltungsakts aus eben dieser Stellung, da zumindest die Verletzung des Art. 2 I GG (Handlungsfreiheit) möglich ist.

III. Vorverfahren, §§ 68 ff. VwGO
Ein Vorverfahren ist nach landesrechtlichen Bestimmungen vielfach entbehrlich, z.B. im Baurecht oder Prüfungsrecht findet es jedoch nach wie vor statt. Lesen Sie in der Klausur obligatorisch *jedes Mal* die einschlägigen Vorschriften, um sicher zu sein!

IV. Klagegegner, § 78 VwGO
Achten Sie auf die Abgrenzung zwischen Rechtsträgerprinzip (§ 78 I Nr. 1 VwGO) und Behördenprinzip (§ 78 I Nr. 2 VwGO in Verbindung mit Landesrecht).
Achtung: In Süddeutschland ist dieser Punkt eine Frage der Begründetheit (Passivlegitimation).

V. Beteiligten- und Prozessfähigkeit, §§ 61, 62 VwGO
Unterscheiden Sie richtig:
Beteiligter kann sein, wer Teilnehmer eines Verfahrens vor dem VG sein kann: Kläger, Beklagter, Beigeladener, ...
Prozessfähigkeit ist die Fähigkeit, tatsächlich vor Gericht zu stehen.
Juristische Personen müssen dementsprechend vertreten werden.

VI. Klagefrist, § 74 VwGO
Die Monatsfrist gilt nur, wenn eine ordnungsgemäße Rechtsmittelbelehrung gem. § 58 I VwGO erteilt wurde, sonst gilt die Jahresfrist. Es kann jedoch Verwirkung (Umstands- und Zeitmoment notwendig) greifen. Für die Fristberechnung gilt §§ 57 II VwGO, 222 ff. ZPO, 187 ff. BGB, auch 3-Tages-Fiktion.

VII. Form, §§ 81, 82 VwGO

Einzelne Besonderheiten in Zusammenhang mit der Anfechtungsklage gibt es zusätzlich zu beachten. So lassen Sie immer Vorsicht walten, wenn es um die hoheitliche Ablehnung einer begehrten Begünstigung geht. In diesen Fällen nützt eine Anfechtung meistens wenig und es fehlt ihr das Rechtsschutzbedürfnis, da die Aufhebung der Ablehnung ja nicht zur positiven Bescheidung (Gewährung) der Begünstigung führt. Sie müssen immer genau darauf achten, welche Bescheide welche Wirkung haben. Wenn in einem Klausursachverhalt beispielsweise zwei Bescheide erlassen wurden, wobei der zweite den ersten inhaltlich zumindest teilweise überlagert und Sie den zweiten Bescheid erfolgreich anfechten, erwächst der erste wieder in voller Rechtskraft. Eventuell führt das genau zu Ihrem angestrebten Rechtsschutzziel oder aber Sie müssen den ersten Bescheid gleich mit anfechten. In letzterem Fall, wenn Sie also zwei unterschiedliche Bescheide gerichtlich anfechten, liegen auch zwei selbständige Klagen vor. Das müssen Sie in Ihrem Gutachten unbedingt deutlich machen und nach der Zulässigkeit in Punkt „C" die objektive Klagehäufung gem. § 44 VwGO prüfen (die grundsätzlich unproblematisch gegeben sein wird). Das bedeutet für Sie: jeder Verwaltungsakt erfordert eine eigene Klage. Beachten Sie auch, dass mitunter sogar mehrere Verwaltungsakte in einem Bescheid stecken können. Prüfen Sie also den Sachverhalt darauf, wie viele Regelungen im Sinne des § 35 VwVfG Sie finden können. Jede einzelne Regelung ist im Allgemeinen auch ein einzelner Verwaltungsakt. Lesen Sie zum Verständnis auch einmal den § 44a VwGO. Vorbereitungshandlungen sind nicht isoliert anfechtbar, so dass Sie an diese Vorschrift immer obligatorisch denken sollten, falls Sie einmal unsicher sind, ob es sich bei einer hoheitlichen Maßnahme tatsächlich um einen Verwaltungsakt handelt. Das Problem des § 44a VwGO ist ein gerne eingesetzter Stolperstein in Klausuren.

Die Klagebefugnis bei der Anfechtungsklage und der Verpflichtungsklage besteht aus zwei Komponenten und richtet sich nach § 42 II VwGO (der bei anderen Rechtsbehelfen analog herangezogen wird): „Möglichkeit einer Verletzung" (Möglichkeitstheorie) und „Subjektives öffentliches Recht". Die Möglichkeit der Verletzung bedeutet, dass eine Rechtsverletzung nicht offensichtlich ausgeschlossen sein darf. Ob eine tatsächliche Verletzung vorliegt, ist eine Frage der Begründetheit. Der Kläger muss daneben vortragen, dass die mögliche Rechtsverletzung ein subjektives öffentliches Recht betrifft, d.h. dass sich der Kläger auf die Verletzung eines eigenen Rechts berufen kann, welches dem öffentlichen Recht zuzuordnen ist und neben dem Schutz der Allgemeinheit auch dem Schutz des einzelnen zu dienen bestimmt ist (Schutznormtheorie). Letztere Voraussetzung erlangt vor allem bei Verpflichtungsklagen zentrale Bedeutung.

K aus Fall 17 wäre klagebefugt. Als Adressat eines ihn belastenden Verwaltungsaktes besteht zumindest die Möglichkeit einer Verletzung seiner allgemeinen Handlungsfreiheit aus Art. 2 I GG. Mehr würden Sie in einer Klausur auch nicht schreiben.

3. Die Verpflichtungsklage

Begehrt der Kläger den Erlass eines Verwaltungsaktes und wurde ein solcher unterlassen oder abgelehnt, ist die Verpflichtungsklage die richtige Klageart (im Falle des Unterlassens möglicherweise in Form der *Untätigkeitsklage nach § 75 VwGO*, im letzten genannten Fall in Form der *Versagungsgegenklage*). Achten Sie darauf, dass bei der Untätigkeitsklage gem. §§ 68 II, 75 S. 1 VwGO kein Vorverfahren stattfindet (was sich auch schon aus der Natur der Sache ergibt).

Besonderes Augenmerk sollten Sie bei der Prüfung der Zulässigkeit der Verpflichtungsklage auf den Prüfungspunkt der Klagebefugnis legen, § 42 II VwGO. Hierbei folgen Sie zu der Bestimmung eines subjektiven öffentlichen Rechts der Schutznormtheorie. Diese enthält unter Konkretisierung des Terminus „subjektives öffentliches Recht" die Qualifizierung einer Norm als individualschützend, wenn sie zumindest auch den Schutz von Rechtsgütern einer einzelnen Person oder eines abgrenzbaren Personenkreises bezweckt. Eine solche Rechtsposition leiten Sie dabei vorrangig aus einfachgesetzlichen Vorschriften her und nur subsidiär aus den Grundrechten. Auch hier wenden Sie die Möglichkeitstheorie an, so dass die Klagebefugnis zu bejahen ist, wenn nicht ausgeschlossen werden kann, dass die Ablehnung oder das Unterlassen des begehrten Verwaltungsakts den Kläger in seinem aus dem jeweiligen subjektiven öffentlichen Recht folgenden Anspruch auf Erlass des begehrten Verwaltungsaktes verletzt.

An dieser Stelle sei noch einmal daran erinnert, dass Sie das folgende Schema in einer Klausurbearbeitung – so denn die Verpflichtungsklage einschlägig ist, ansonsten selbstverständlich das jeweils passende Schema – vollständig durchprüfen, also jeden Prüfungspunkt in Ihrem Gutachten erwähnen. Unproblematische Punkte, wie bereits mehrfach gesagt, handeln Sie in einem Satz ab.

Prüfschema 10: Zulässigkeit der Verpflichtungsklage

Zulässigkeit der Anfechtungsklage

⬇

I. Statthafte Klageart –
richtet sich nach Klagebegehren, § 88 VwGO

⬇

II. Klagebefugnis, § 42 II VwGO
Bei Verpflichtungsklagen ist notwendig, dass der Kläger einen Anspruch auf den begehrten Verwaltungsakt aus einem subjektiven öffentlichen Recht ableiten kann.

⬇

III. Vorverfahren, §§ 68 ff. VwGO
Ein Vorverfahren ist nach landesrechtlichen Bestimmungen vielfach entbehrlich, z.B. im Baurecht oder Prüfungsrecht findet es jedoch nach wie vor statt. Lesen Sie in der Klausur obligatorisch *jedes Mal* die einschlägigen Vorschriften, um sicher zu sein!

⬇

IV. Klagegegner, § 78 VwGO
Achten Sie auf die Abgrenzung zwischen Rechtsträgerprinzip (§ 78 I Nr. 1 VwGO) und Behördenprinzip (§ 78 I Nr. 2 VwGO in Verbindung mit Landesrecht).
Achtung: In Süddeutschland ist dieser Punkt eine Frage der Begründetheit (Passivlegitimation).

⬇

V. Beteiligten- und Prozessfähigkeit, §§ 61, 62 VwGO
Unterscheiden Sie richtig:
Beteiligter kann sein, wer Teilnehmer eines Verfahrens vor dem VG sein kann:
Kläger, Beklagter, Beigeladener, ...
Prozessfähigkeit ist die Fähigkeit, tatsächlich vor Gericht zu stehen.
Juristische Personen müssen dementsprechend vertreten werden.

⬇

VI. Klagefrist, § 74 VwGO
§ 74 II VwGO erklärt § 74 I VwGO für entsprechend anwendbar, wenn der Antrag auf Vornahme des Verwaltungsakts abgelehnt worden ist (Versagungsgegenklage). Hier liegen selten Probleme.

⬇

VII. Form, §§ 81, 82 VwGO

Exkurs: Drittschutz

Beachten Sie, dass im Rahmen von Anfechtungs- und Verpflichtungsklage auch eine Drittanfechtungs- bzw. Drittverpflichtungssituation
auftreten kann. Das bedeutet, dass im ersten Fall der an einen Dritten
ergangene Verwaltungsakt (z.B. Baugenehmigung) angefochten wird und
im zweiten Fall der Erlass eines Verwaltungsaktes gegen einen Dritten
(z.B. Nutzungsuntersagung) begehrt wird. In diesem Fall ist es notwendig,
dass dem Kläger ein besonderes drittschützendes subjektives öffentliches
Recht zusteht. Lesen Sie hierzu bitte die einschlägige Literatur. Es handelt
sich bei diesen Konstellationen um solche, die Sie am besten – je nach
persönlicher Kapazität – auswendig lernen. Strukturelle Hilfen sind in
diesem Bereich eher schwer anzubringen.

4. Weitere Rechtsbehelfe

Sollte es um sonstige Fallkonstellationen gehen bleiben grundsätzlich
noch die Leistungsklage und die Feststellungsklage. Die Leistungsklage
ist einschlägig, wenn das Begehren des Klägers auf schlichtes Verwaltungshandeln (z.B. Geldzahlung ohne vorgeschalteten Verwaltungsakt)
gerichtet ist. Der grundsätzliche Prüfungsaufbau gestaltet sich sehr ähnlich zu dem der Verpflichtungsklage. Die schon erwähnte Feststellungsklage erfordert in vielen Fällen nur das tatsächliche Vorhandensein eines
streitigen Rechtsverhältnisses und kommt vielfach ohne die Prüfung
einer Klagebefugnis aus. Dafür ist jedoch ein sog. Feststellungsinteresse,
das berechtigte Interesse an der baldigen Feststellung des Bestehens
oder Nichtbestehens des Rechtsverhältnisses, notwendig. Zudem ist die
Feststellungsklage unzulässig, wenn der Kläger seine Rechte auch durch
eine andere Klage hätte verfolgen können (Subsidiarität der Feststellungsklage). Es sind überdies Fälle denkbar, in denen das Klagebegehren bereits erledigt ist (Platzverweis durch Polizeibeamten) oder sich
während des Klageverfahrens erledigt (Auflagen für eine angemeldete
Versammlung, Veranstalter wendet sich im Klagewege gegen die Ver-
sammlungsauflagen; Versammlungstermin liegt zeitlich vor dem Tag, an
dem die Gerichtsentscheidung ergeht), der Kläger aber die Rechtswidrigkeit des staatlichen Handelns geklärt haben möchte. Dann ist eine sog.
Fortsetzungsfeststellungsklage zu erheben oder eine bereits erhobene
(Anfechtungs-)Klage in eine solche umzustellen. Ferner hält die VwGO in
§§ 80 V, 123 I VwGO Rechtsbehelfe bereit, die die Möglichkeit schneller

gerichtlicher Überprüfung von staatlichem Handeln eröffnen (einstwei-
liger Rechtsschutz).

Schließlich gibt es in einigen Fällen (diese sind in den landesrechtlichen
Ausführungsgesetzen zur VwGO geregelt) die Möglichkeit Widerspruch, einzulegen. Dieser Rechtsbehelf wurde nach der genannten
landesrechtlichen Ausgestaltung zum Erfordernis eines förmlichen
Vorverfahrens vor einer verwaltungsrechtlichen Klage in vielen Fällen
abgeschafft. Auf Grund dieser Praxis ist es m.E. wenig sinnvoll, sich
mit diesem Rechtsbehelf in der Klausurvorbereitung zu befassen. Statt-
dessen sollten Sie das Hauptaugenmerk auf näherliegende potentielle
Klausurkonstellationen legen. Die Prüfung eines Widerspruchs kommt in
Klausuren so gut wie nicht mehr vor. Zudem wären die Abweichungen in
der Klausurbearbeitung höchst marginal und betreffen im Wesentlichen
prozessuale Fragestellungen.

Lektion 22: Begründetheit verwaltungsgerichtlicher Klagen

Als Einstieg in die Begründetheitsprüfung bei verwaltungsrechtlichen Klagen lesen Sie einmal konzentriert den ganzen § 113 VwGO, der die zentrale Vorschrift für die Prüfung der Begründetheit einer verwaltungsrechtlichen Klage darstellt. Sie gibt Auskunft über den Prüfungsumfang der jeweiligen von Ihnen zu prüfenden Klage.

1. Die Anfechtungsklage

Regelmäßiger Inhalt der Begründetheitsprüfung einer Anfechtungsklage ist die Prüfung der Rechtmäßigkeit eines Verwaltungsaktes. Der Obersatz der Begründetheitsprüfung lautet in direkter Anlehnung an § 113 I 1 VwGO: *„Die Klage des X ist begründet, wenn/soweit der angefochtene Verwaltungsakt rechtswidrig ist und X durch ihn in seinen Rechten verletzt ist."* Den folgenden Aufbau der Prüfung entnehmen wir auch wieder dem geltenden Recht: Vorbehalt des Gesetzes. Auf Grund dieses Prinzips beginnen Sie Ihre Prüfung der Rechtmäßigkeit eines Verwaltungsakts mit dem Nennen der einschlägigen Ermächtigungsgrundlage. Es handelt sich dabei sogar um einen sehr wesentlichen Prüfungsschritt, der den Korrektoren den ersten Eindruck vermittelt, dass Sie sich in der Basismaterie des öffentlichen Rechts sicher bewegen. Erst wenn Sie also die einschlägige Eingriffsermächtigung gefunden und auf Ihr Blatt der Klausurbearbeitung niedergeschrieben haben, folgen die Prüfung der formellen und materiellen Rechtmäßigkeit des Verwaltungsaktes.

a) Die formelle Rechtmäßigkeit

Die formelle Rechtmäßigkeit eines Verwaltungsakts ist entsprechend des folgenden Prüfschemas gegliedert. Prägen Sie sich die Prüfungspunkte gut ein und achten Sie immer auf die Möglichkeit der Heilung von Verfahrensfehlern. Lesen Sie in diesem Zusammenhang konzentriert die ganze Vorschrift des § 45 VwVfG, danach die des § 44 VwVfG und schließlich die des § 46 VwVfG. Sie sollten nun wissen, dass Ihnen der Gesetzgeber folgendes sagen will: Formelle Fehler können meistens geheilt, und wenn sie im Einzelfall einmal nicht geheilt werden können, gilt § 46 VwVfG und der Verwaltungsakt kann im Ergebnis nicht erfolgreich angefochten werden. Merken Sie sich diese Vorschriften. Eigentlich steht alles, was Sie über die formelle Rechtmäßigkeit wissen müssen, im Gesetz. Sie müssen nur wissen, wo Sie suchen müssen!

Prüfschema 11: Formelle Rechtmäßigkeit eines Verwaltungsaktes

Formelle Rechtmäßigkeitsvoraussetzungen eines Verwaltungsaktes

Zuständigkeit

▶ Sachliche Zuständigkeit → Verbandszuständigkeit (Bund, Land, Gemeinde ...) sowie – wenn vorhanden – Fachbehörde nach Sachgebiet

▶ Instanzielle Zuständigkeit → unterste, mittlere oder oberste Behörde

▶ Örtliche Zuständigkeit → Zuständigkeit nach räumlichen Bereichen (z.B. § 3 VwVfG)

Verfahren

Es existieren diverse Regelungen, klausurrelevant ist v.a. die Anhörung:

▶ § 28 VwVfG regelt die Anhörung als Verfahrensgrundsatz bei belastenden Verwaltungsakten in Form eines lex generalis. Diverse Spezialregelungen gehen § 28 VwVfG vor (z.B. § 71 VwGO). § 28 II VwVfG enthält Ausnahmen von der Anhörungspflicht. Im Übrigen ist die Anhörung nachholbar und damit heilbar. § 45 I Nr. 3 VwVfG, §§ 45, 46 VwVfG dürfen Sie nicht übersehen!

▶ Eine Anhörung kann auch telefonisch erfolgen, das Gesetz schreibt keine Form vor. Zudem kann ein durchgeführtes Widerspruchsverfahren die fehlende Anhörung ersetzen. Beides sind beliebte Klausurprobleme.

Form

▶ Schriftformerfordernis ist oft nicht zwingend. Beachte hierzu § 37 II VwVfG.

▶ Ein schriftlicher Verwaltungsakt ist grds. gem. § 39 VwVfG zu begründen. Bei Verstößen auch hier an §§ 45, 46 VwVfG denken.

Klausuraufgabe ist für Sie immer die Anfertigung eines Gutachtens für einen vorgegebenen Sachverhalt. Daher ist vor allem im Prüfungspunkt der formellen Rechtmäßigkeit wichtig, dass Sie nicht den häufig zu beobachtenden Fehler begehen, überflüssige Ausführungen zu Problemkreisen zu machen, über die der Sachverhalt keine Angaben enthält. Finden sich also für Zuständigkeit und Form keine relevanten Sachverhaltsinformationen, sondern lediglich zum Verfahren (z.B. fehlende Anhörung, § 28 VwVfG) handeln Sie Prüfung von Zuständigkeit und Form im Urteilsstil unter nüchterner Nennung der einschlägigen Normen ab, prüfen aber sauber und im Gutachtenstil die Verfahrensvoraussetzungen. Mehr wird von Ihnen nicht verlangt und – das ist der wichtige Teil dieses Satzes – mehr möchte der Korrektor auch keinesfalls lesen müssen. Das Stichwort lautet immer wieder „Schwerpunktsetzung" und „Problembewusstsein". Auch an dieser Stelle seien Sie ermutigt, sich diese Hinweise einzuprägen und sie zu verinnerlichen. Die Korrektoren werden es Ihnen nicht nur mit anonymer Sympathie sondern auch mit entsprechenden Bewertungen danken. Lesen Sie als Formulierungsbeispiel Fall 19 mit dem entsprechenden Lösungshinweis.

b) Die materielle Rechtmäßigkeit

Innerhalb der materiellen Rechtmäßigkeit ist für Sie zunächst der Tatbestand der Ermächtigungsgrundlage zu prüfen. Wichtig ist, dass es sich bei der von Ihnen gefundenen Ermächtigungsgrundlage um eine Befugnisnorm handelt, also eine solche Vorschrift, die einen Hoheitsträger auch tatsächlich unter bestimmten Voraussetzungen zum Handeln befugt. Diese Voraussetzungen sind der Tatbestand, wobei das Vorliegen der erforderlichen Merkmale von Ihnen zu prüfen ist.

Liegen die Voraussetzungen der Ermächtigungsgrundlage vor, ist zu untersuchen, welche gesetzliche Rechtsfolge eintritt. Zunächst muss der erlassene Verwaltungsakt inhaltlich hinreichend bestimmt sein, § 37 I VwVfG. (Achtung: § 37 II – IV VwVfG sind formeller Natur!) Stellen Sie sich zu dieser Frage einfach vor, ob Sie selbst nur auf Grund des Verwaltungsakts – ohne nachzufragen – wissen würden, was Sie genau zu tun haben. Ist dem so, ist § 37 VwVfG gewahrt. Anderenfalls liegt ein Verstoß vor. Dies ist deswegen sehr pragmatisch, da ein Verwaltungsakt auch (unter bestimmten Umständen) ein Vollstreckungstitel ist. Allein auf dessen Grundlage muss die angeordnete Handlung von der Vollstreckungsbehörde durchzuführen sein können.

Fall 18

Die zuständige Behörde erlässt an den Halter eines Fahrzeugs, der nicht gleichzeitig Eigentümer ist, einen Verwaltungsakt, in dem er aufgefordert wird, an dem Fahrzeug bauliche, nicht in der Zulassungsbescheinigung I eingetragene Veränderungen zu entfernen. Anordnung rechtmäßig?

In allen Fällen des hoheitlichen Einschreitens handelt es sich entweder per Gesetz um eine gebundene Verwaltungsentscheidung oder eine Ermessenentscheidung. Der einfachste Weg, diesen Unterschied heraus-zustellen, ist, auf die Formulierung des Gesetzes genau zu achten. Er-mächtigt es die zuständige Behörde etwas zu „können" oder zu „dürfen" („Die zuständige Behörde kann zur Durchsetzung dieses Gesetzes die not-wendigen Maßnahmen treffen."), ist ihr ein Ermessen eingeräumt. Spricht der Gesetzestext von „haben ... zu" („Die zuständige Behörde hat die Genehmigung zu erteilen, wenn die Voraussetzungen vorliegen"), han-delt es sich um eine gebundene Entscheidung ohne eigenes Ermessen. In letzteren Fällen hat die Behörde bei Vorliegen der Tatbestandsvorausset-zungen für den Eintritt der gesetzlich vorgesehen Rechtsfolge zu sorgen. Ist der Behörde Ermessen eingeräumt, kann Sie innerhalb der gleich zu nennenden Ermessensgrenzen, über das „Ob" (Entschließungsermessen) und das „Wie" (Auswahlermessen) ihres Handelns frei entscheiden. Die gerichtliche Überprüfung des behördlichen Handelns – das was in der verwaltungsrechtlichen Fallklausur zu untersuchen ist – beschränkt sich hinsichtlich des Ermessens auf die Suche nach Ermessensfehlern. Liegen solche vor, ist das behördliche Handeln regelmäßig rechtswidrig. Lesen Sie zur Besonderheit der „Ermessensreduzierung auf Null" gleich in der Begründetheit der Verpflichtungsklage.

Versuchen Sie, die Prüfung des Ermessens in Ihren Klausuren gut zu strukturieren. Es lässt sich bei Studenten die Tendenz feststellen, in diesem Prüfungspunkt alles was ihnen gerade in den Kopf kommt niederzuschreiben, frei nach dem Motto: „Viel hilft viel". Seien Sie er-mutigt, dies nicht zu tun; viel hilft hier gar nichts. Versuchen Sie die einzelnen Sachverhaltsinformationen den jeweiligen Ermessensfehlern zuzuordnen. Klausursachverhalte sind meistens so konzipiert, dass es verschiedene Informationen gibt, die gut in die jeweilige Fehlerprüfung passen. Versuchen Sie, es den Korrektoren gleich zu tun: Scannen Sie den Sachverhalt nach diesen Informationen. Die Fallgruppen werden sich regelmäßig wiederholen und Ihnen bei aufmerksamem Lesen geradezu ins Auge springen.

Übersicht 14: Prüfung des Ermessensspielraums

Ermessensfehler

Ermessensnichtgebrauch
Die Behörde hat trotz gesetzlich eingeräumten Ermessens es nicht ausgeübt.

Ermessensüberschreitung
Verhältnismäßigkeit des Handelns (Prüfschema 5)
Handlungspflichterfüllung

Ermessensfehlgebrauch
Die Behörde hat sachfremde Erwägungen angestellt oder falsche Tatsachen zur Grundlage ihrer Entscheidung gemacht. Hier sind Verstöße gegen Art. 3 GG zu prüfen (Selbstbindung der Verwaltung).

In Fall 18 liegt ein Ermessensfehler vor. Für den Halter ist der Verwaltungsakt nicht erfüllbar, da er die Veränderungen nur durch den Eingriff in fremdes Eigentum vornehmen könnte, und damit rechtswidrig. Anzudenken wäre höchstens eine Duldungsverfügung an den Eigentümer, sinnvoll jedoch die Grundverfügung an ihn zu erlassen.

Exkurs: Auf der Tatbestandsebene kann es in Zusammenhang mit sog. „unbestimmten Rechtsbegriffen" zu Schwierigkeiten im Gutachten kommen. Der Terminus „unbestimmter Rechtsbegriff" umschreibt solche Tatbestandsmerkmale, die eine sehr offene Formulierung darstellen und eine Konkretisierung erfordern, um einen Sachverhalt geeignet unter sie subsumieren zu können. Paradebeispiel für einen solchen Begriff ist die „Zuverlässigkeit" in § 35 GewO. Unbestimmte Rechtsbegriffe werden durch Auslegung konkretisiert, meist existieren zu den in den Klausuren relevanten Begriffen feststehende Fallgruppen, die sie den einschlägigen Lehrbüchern entnehmen können. Die von den Behörden vorzunehmende Auslegung ist grundsätzlich voll gerichtlich überprüfbar, so dass Fehler bei der Auslegung durch die Behörde auf der Tatbestandsebene des behördlichen Handelns zur Rechtswidrigkeit insgesamt führen können. In einzelnen wenigen Fällen steht der Behörde ein gerichtlich nur eingeschränkt überprüfbarer „Beurteilungsspielraum" zu, insbesondere bei Prüfungsentscheidungen. Hier ist die behördliche Entscheidung nur hinsichtlich der Fragen, ob ein richtiger Sachverhalt zu Grunde gelegt wurde und ob sachfremde Erwägungen angestellt wurden, zu überprüfen.

Achten Sie darauf, unbestimmter Rechtsbegriff bzw. Beurteilungsspielraum auf der Tatbestandsebene nicht mit der Überprüfung der Ermessensentscheidung auf der Rechtsfolgenebene durcheinanderzuwerfen oder zu verwechseln, auch wenn die jeweilige Prüfung sich in Teilen ähnlich gestalten kann. Dies ist ein häufiger Fehler.

Leitsatz 12

!

Tatbestand – Ermessen

Die Unterscheidung zwischen

– **unbestimmten Rechtsbegriffen** sowie

– **Beurteilungsspielraum auf der Tatbestandsebene** und

– Fragen der **Ermessensausübung auf Rechtsfolgenebene**

ist in jeder Klausur von größter Wichtigkeit. Fehler bei dieser Unterscheidung führen zu erheblichen Punktabzügen!

2. Die Verpflichtungsklage

Bei einer Verpflichtungsklage richtet sich die Prüfung der Begründetheit nach der Besonderheit dieser Klageart. Der Kläger begehrt die Vornahme eines bestimmten behördlichen Handelns. Diesmal ist also eine Anspruchsgrundlage für den Kläger nötig, auf die er sich stützen kann, um die Behörde zu dem begehrten Handeln zu verpflichten. Für die Prüfung der Begründetheit hat sich der Anspruchsaufbau etabliert. Obersatz einer Verpflichtungsklage ist grundsätzlich gem. § 113 V VwGO: *„Die Klage ist begründet, soweit die Ablehnung oder Unterlassung der begehrten Handlung rechtswidrig war und der Kläger dadurch in seinen Rechten verletzt ist und die Sache spruchreif ist."*

Weichen Sie in Ihrer Klausurbearbeitung besser nicht von dem Anspruchsaufbau ab. In der Klausurwirklichkeit und vor allem der Korrekturwirklichkeit darf man wohl mit einiger Sicherheit sagen, dass diesem Aufbau in fast allen Lösungsvorschlägen der Korrektoren und Prüfungsämter gefolgt wird. Trotz aller von den Korrektoren verlangter Sachlichkeit liegt es mindestens nahe, dass Sie bei – wenn auch wohl vertretbaren – Abweichungen in Ihrer Bearbeitung von denen, den Korrektoren an die Hand gegeben, Lösungsskizzen nicht ohne weiteres gut benotet werden.

Das Studium der Rechtswissenschaften bzw. das Bestehen juristischer Klausuren ist sehr viel einfacher zu absolvieren, wenn Sie in allen Bereichen versuchen mit den gegebenen Umständen zu taktieren. Dazu gehört auch, Abläufe zu kennen und sie für sich zu nutzen. Die Prüfung der Begründetheit richtet sich dann nach folgendem Schema:

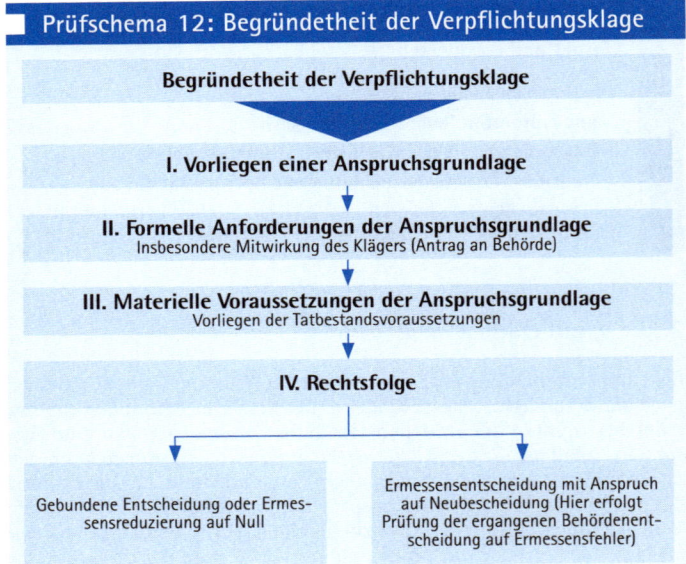

Prüfschema 12: Begründetheit der Verpflichtungsklage

Begründetheit der Verpflichtungsklage

I. Vorliegen einer Anspruchsgrundlage

II. Formelle Anforderungen der Anspruchsgrundlage
Insbesondere Mitwirkung des Klägers (Antrag an Behörde)

III. Materielle Voraussetzungen der Anspruchsgrundlage
Vorliegen der Tatbestandsvoraussetzungen

IV. Rechtsfolge

Gebundene Entscheidung oder Ermessensreduzierung auf Null

Ermessensentscheidung mit Anspruch auf Neubescheidung (Hier erfolgt Prüfung der ergangenen Behördenentscheidung auf Ermessensfehler)

Eine Besonderheit im Aufbau ergibt sich hinsichtlich der Spruchreife. Hier liegt ein wesentlicher Punkt, der im Hinblick auf die Unterscheidung zwischen gebundener Entscheidung und Ermessenentscheidung relevant wird. Ist eine Sache spruchreif, bedeutet dies gewissermaßen, dass das erkennende Gericht abschließend entscheiden kann. Dies ist immer gegeben, wenn eine Verpflichtung zur Handlung auf Grund einer gebundenen Entscheidung verlangt werden kann oder bei einer Ermessensreduzierung auf Null.

Die Ermessensreduzierung auf Null liegt immer vor, wenn aufgrund besonderer Umstände verschiedene Handlungsmöglichkeiten der Behörde auf eine einzige verdichtet sind. Das bedeutet, dass nur eine Entscheidung der Behörde unter Ausschluss eines sachgerechten Handlungsspielraumes für den Betroffenen zumutbar ist. Mit der Ermessensreduzierung ist jedoch sehr zurückhaltend umzugehen, sie ist grundsätzlich umfangreich unter Beachtung aller Aspekte des Ermessens zu begründen. Im Ergebnis wird also eine Ermessensentscheidung zur gebundenen, so dass damit die Spruchreife der Sache hergestellt ist.

Ist eine „normale" Ermessensentscheidung gegeben, ist die Sache nicht spruchreif und es ergeht ein Bescheidungsurteil. Für Ihr Ergebnis in der Klausur bedeutet dies folgende Formulierung: *„Die Klage hat insoweit Erfolg, als [der Kläger] einen Anspruch auf ermessensfehlerfreie Neubescheidung durch die Behörde hat."*

▰▰▰ Fall 19

A hat von V eine Gaststätte in einer kleinen, überwiegend von Rentnern bevölkerten Gemeinde D in der norddeutschen Provinz erworben. Als er bei der zuständigen Behörde die Gaststättenerlaubnis beantragt, wird ihm diese durch den zuständigen Sachbearbeiter verwehrt. Als Grund nennt die Behörde in dem Ablehnungsbescheid, dass A – insoweit zutreffend – vor einigen Jahren wegen gefährlicher Körperverletzung rechtskräftig verurteilt wurde. A hatte in einem Streit zwischen Autofahrern die Beleidigungen eines Unfallbeteiligten nicht mehr hinnehmen wollen und diesen mit einem Teppichklopfer mehrmals auf die Brust geschlagen. A habe daher nicht die notwendige Zuverlässigkeit zum Betrieb einer Gasstätte. A ist empört und möchte gegen die Entscheidung vorgehen. Hätte eine Klage vor dem örtlich zuständigen Verwaltungsgericht auf Erteilung der Erlaubnis Aussicht auf Erfolg?

Lösungsvorschlag für Fall 19:

Eine Klage des A hat Erfolg, wenn der Verwaltungsrechtsweg eröffnet, die Klage zulässig und soweit sie begründet ist.

A. Verwaltungsrechtsweg und Zuständigkeit

Die Eröffnung des Verwaltungsrechtsweges richtet sich mangels aufdrängender Spezialzuweisung nach der Generalklausel des § 40 VwGO.

Es müsste sich vorliegend demnach um eine öffentlich-rechtliche Strei-tigkeit handeln. Das Vorliegen einer solchen beurteilt sich regelmäßig danach, ob die streitentscheidenden Vorschriften öffentlich-rechtlicher Natur sind. Diese stammen vorliegend aus dem GastG, welche dem öffentlichen Recht zuzuordnen sind, so dass mithin vorliegend eine öffentlich-rechtliche Streitigkeit zu bejahen ist. Des Weiteren ist die Streitigkeit nichtverfassungsrechtlicher Art und es besteht keine abdrän-gende Sonderzuweisung. Der Verwaltungsrechtsweg ist gem. § 40 VwGO eröffnet. Das Gericht ist auch gem. § 52 VwGO örtlich zuständig.

B. Zulässigkeit

Die Klage des A müsste zulässig sein.

I. Statthafte Klageart

Die statthafte Klageart richtet sich nach dem Klagebegehren, § 88 VwGO. In Frage kommt die Verpflichtungsklage. Dann müsste ein vom Klä-ger begehrter VA abgelehnt oder unterlassen worden sein (§ 42 I 2.Alt. VwGO). Entspräche die Behörde dem Begehren des A, dann handelte sie im Einzelfall des A auf Grundlage der §§ 2, 4 GastG, mithin auf dem Gebiet des öffentlichen Rechts. Die ergehende Erlaubnis stellte zudem eine Regelung mit Außenwirkung zu Gunsten des A dar. Die mit Be-scheid abgelehnte Gaststättenerlaubnis als Verwaltungsakt im Sinne des § 35 VwVfG zu qualifizieren. Die Verpflichtungsklage ist die statthafte Klageart.

II. Klagebefugnis, § 42 II VwGO

A müsste klagebefugt sein. Dies ist zu bejahen, da nicht ausgeschlossen werden kann, dass die Ablehnung des begehrten Verwaltungsakts A in seinem aus den §§ 2, 4 GastG folgenden Anspruch auf Erlass der begehr-ten Gaststättenerlaubnis verletzt.

III. Vorverfahren, §§ 68 ff. VwGO

Ein Vorverfahren ist gem. § 68 I 2 VwGO i.V.m. der jeweiligen Vorschrift des landesrechtlichen Ausführungsgesetzes zur VwGO im Allgemeinen entbehrlich.

IV. Klagegegner, § 78 VwGO

Entsprechend der Regelung in § 78 VwGO ist die Klage bei Vorliegen einer entsprechenden landesrechtlichen Regelung in dem jeweiligen Ausführungsgesetz zur VwGO gegen die Behörde selbst zu richten (Behördenprinzip). Ansonsten (Regelfall) gilt das Rechtsträgerprinzip, so dass die Gemeinde D als Rechtsträger richtiger Klagegegner ist.

V. Beteiligten- und Prozessfähigkeit, §§ 61 ff. VwGO

A ist ebenso wie D gem. § 61 Nr. 1 VwGO beteiligtenfähig, bzw. je nach landesrechtlicher Regelung die Behörde gem. § 61 Nr. 3 VwGO. D wird im Verfahren durch ihren Bürgermeister, die Behörde durch ihren Behördenvorstand vertreten, § 62 III VwGO.

VI. Klagefrist, § 74 VwGO

Gem. § 74 II, I VwGO muss A die Klage innerhalb eines Monats ab Bekanntgabe des Ablehnungsbescheides erheben.

VII. Form, §§ 81, 82 VwGO

Die Formvorschriften sind einzuhalten.

VIII. Zwischenergebnis

Die Klage des A ist zulässig.

C. Begründetheit

Die Klage des A ist begründet, soweit die Ablehnung der begehrten Erlaubnis rechtswidrig war und A dadurch in seinen Rechten verletzt und die Sache spruchreif ist, § 113 V VwGO.

I. Formelle Voraussetzungen

A hat laut Sachverhalt einen Antrag an die zuständige Behörde gestellt. Hinsichtlich sonstiger formeller Voraussetzungen ist von ihrem Vorliegen auszugehen.

II. Materielle Voraussetzungen

Fraglich ist, ob die materiellen Voraussetzungen für eine Gaststättenerlaubnis vorliegen. Nach dem Sachverhalt ist davon auszugehen, dass A
gem. § 2 I GastG eine Erlaubnis für den Betrieb der Gaststätte benötigt,
mithin keine Ausnahmetatbestände des § 2 II GastG greifen. Soweit
dies als problematisch angesehen werden könnte, kann eine bestehende
Erlaubnis des V nicht mit dem Kauf der Gaststätte auf A übertragen
werden, da es sich bei der Gaststättenerlaubnis um eine sog. „raumbe-
zogene Personalkonzession" handelt, die für jeden Betreiber ausgestellt
werden muss.

Fraglich ist, ob die Behörde dem A die Erlaubnis wegen dessen angeb-
licher Unzuverlässigkeit verweigern durfte. Gem. § 4 I Nr. 1 GastG ist
eine Erlaubnis u.a. zu versagen, wenn der Antragsteller die erforderliche Zuverlässigkeit nicht besitzt. Dies wäre auf Grund der unstreitigen
strafrechtlichen Auffälligkeit des A denkbar. Die Behörde stützte ihre
Entscheidung auch auf diesen Umstand.

Das Merkmal der Unzuverlässigkeit ist ein unbestimmter Rechtsbegriff,
der von der Behörde im Rahmen ihrer Entscheidung ausgelegt werden
muss. Ein Beurteilungsspielraum für die Behörde besteht nicht, so dass
ihre Entscheidung voll gerichtlich überprüfbar ist. Die Behörde könnte
hinsichtlich der Unzuverlässigkeit des A einen Auslegungsfehler begangen haben. Zwar müssen eventuelle, die Unzuverlässigkeit eines Gast-
wirts begründende – strafrechtliche – Verfehlungen nicht unbedingt im
Zusammenhang mit der Ausübung des Gewerbes begangen, sie müssen
jedoch gewerbebezogen sein. Das bedeutet, dass die Verfehlungen im
Rahmen einer Prognoseentscheidung Auswirkungen auf die Gewerbeausübung des Antragstellers befürchten lassen müssen bzw. Rückschlüsse
auf sein berufliches Verhalten zulassen müssen.

Die Körperverletzung wurde von A in einer gewerbefremden Lebenssi-
tuation begangen, die möglicherweise sogar Ausnahmecharakter besitzt.
Hinzu kommt, dass die Umgebung der Gewerbeausübung als ruhig einzuordnen ist und insofern hinsichtlich einer Neigung des A zu eventuellem
Jähzorn nicht nachzugehen ist. Insgesamt stellt sich daher die Behördenentscheidung zur Frage der Zuverlässigkeit des A wegen fehlender
Gewerbebezogenheit der Verfehlung als unrichtig dar.

III. Rechtsfolge

Gem. § 3 GastG ist die Erlaubnis zu erteilen. Es handelt sich um eine gebundene Entscheidung. Die Versagung verletzt wegen Nichtvorliegens von Gründen im Sinne des § 4 GastG A in seinen Rechten.

IV. Ergebnis

Die Klage des A auf Erteilung einer Gaststättenerlaubnis hat Erfolg.

***

Nach der hoffentlich ergiebigen Lektüre bleibt es mir nun noch, Ihnen für Ihre Klausuren viel Erfolg und viel Glück zu wünschen. Haben Sie Geduld mit und glauben Sie an sich, Sie werden es der Rechtswissenschaft schon zeigen.

„Wer Recht erkennen will, muss zuvor in richtiger Weise gezweifelt haben."

Aristoteles

BGB – *leicht gemacht* ®

Kleiner BGB-Schein für Juristen, Betriebs- und Volkswirte
von Notar Dr. Heinz Nawratil

Eines der erfolgreichsten Bücher zur Einführung in das Bürgerliche Recht, mit dem Generationen Studierender den Einstieg in das Fach gefunden haben. Frisch und witzig, mitreißend und anregend geschrieben.

Erscheint bereits in über 30 Auflagen mit mehr als 1 Million verkauften Exemplaren!

Strafrecht – *leicht gemacht* ®

Der Strafrechtsschein
von Prof. Dr. Hans-Dieter Schwind u.w.

Eine Einführung zum Allgemeinen und Besonderen Teil des Strafgesetzbuches mit praktischen Fällen und Hinweisen für Klausuraufbau und Studium.

Das, was aus Krimis spannend erscheint, wird hier systematisch untersucht und vermittelt. Auch hier wird der Stoff mit anschaulichen Beispielen und Hinweisen lebendig nahegebracht.

Verwaltungsrecht – *leicht gemacht* ®

Allgemeines und Besonderes Verwaltungsrecht
von Rechtsanwalt Claus Murken

In verständlicher, kurzweiliger und vor allem einprägsamer Weise wird das Verwaltungsrecht mit seinen zahlreichen Facetten dargestellt.

Von der Frage, was Verwaltung eigentlich ist, führt der Weg dabei über deren Handlungsinstrumente bis hin zu den Ansprüchen des Bürgers gegen den Staat.

Blaue Serie

Kudert
Steuerrecht – leicht gemacht
Das deutsche Steuerrecht

Warsönke
Einkommensteuer – leicht gemacht
Das EStG-Kurzlehrbuch

Warsönke
Körperschaftsteuer – leicht gemacht
Die Besteuerung juristischer Personen

Mücke
Umsatzsteuer – leicht gemacht
Recht der MwSt

Kerstin Schober
Gewerbesteuer – leicht gemacht
Systematisch – präzise – verständlich

Schober
Die Steuer der Immobilien – leicht gemacht
Haus- und Grundbesitz

Heinen
Die Steuer der Personen- gesellschaften – leicht gemacht
GbR, OHG, GmbH & Co. KG ...

Schinkel
Die Steuer der GmbH – leicht gemacht
Das Steuer-Kurzlehrbuch

Mutscher/Benecke
Die Steuer der Umwandlungen – leicht gemacht
Das Umwandlungssteuerrecht

Schinkel/Sladek
EÜR – leicht gemacht
Die Einnahme-Überschuss-Rechnung

Drobeck
Erbschaftsteuer – leicht gemacht
Das ErbSt/SchSt-Kurzlehrbuch

Warsönke
Abgabenordnung – leicht gemacht
Das ganze Steuerverfahren

Sorg
Steuerbilanz – leicht gemacht
Die steuerlichen Grundsätze

Kudert/Sorg
Rechnungswesen – leicht gemacht
Buchführung und Bilanz

Kudert/Sorg
Übungsbuch Rechnungswesen – leicht gemacht
Lernen und Üben

Kudert/Sorg
IFRS – leicht gemacht
Int. Financial Reporting Standards

Heinen
Internationales Steuerrecht – leicht gemacht
Die Besteuerung grenzüberschrei- tender Sachverhalte

Schinkel
Klausuren im Steuerrecht – leicht gemacht
Klausurhilfe: Techniken und Methoden

In regelmäßigen Neuauflagen
www.leicht-gemacht.de